VOYAGE
DANS
LES PYRÉNÉES,
EN 1818.

A PARIS,

DE L'IMPRIMERIE DE PLASSAN,

RUE DE VAUGIRARD, N° 15.

SEPTEMBRE 1820.

TABLE
DES MATIÈRES
CONTENUES DANS CE VOLUME.

A ma Mère.	Pag. v
Avant-Propos.	vij
Le Départ.	1
Le Rondon.	3
Blois.	7
Amboise.	14
Ruffec.	22
Les Ormes.	24
Chatelleraut.	28
Chaunay.	32
Maisons-Blanches.	38
Angoulême.	39
Saint-André de Cubsac.	42
Bordeaux.	48
Saint-Michel.	50
Le Palais du Roi.	59
La Brède.	62
Lectoure.	68
Tarbes.	76
Le Lac d'Oo.	80

Marcigné. . . . . Pag. 94
Le Portillon, l'Espagne, Vallée d'Aran, d'Artigue-
    Telline. 100
La Hourquette d'Arréou. 111
Le Pic du Midi 138
Baréges. 158
Lac de Gaube. 168
Gavernie. 184
Grotte de Gèdres. 193
Notre-Dame d'Héas. 211
Pau. 231
Toulouse. 237

FIN DE LA TABLE DES MATIÈRES.

A MA MÈRE.

Quel que soit le plaisir que j'éprouve à obéir à la meilleure, à la plus tendre des Mères, en lui offrant ce Voyage qu'elle a entendu lire avec intérêt, je m'afflige de ne lui présenter qu'une esquisse imparfaite des sites admirables que j'ai vus avec tant de ravissement. Son indulgente bonté fera grâce à mon esprit, à la faiblesse de mes pinceaux, et ne verra que ma docilité à ses moindres désirs. Je regrette bien davantage de ne pouvoir lui exprimer, comme je les éprouve, les sentimens de respect, de reconnaissance et d'amour, dont mon cœur est rempli pour elle; mais les mots sont insuffisans pour les affections profondes, et ne pouvant parler des miennes comme je les sens, je me bornerai à les lui prouver chaque jour de ma vie, sans jamais essayer de les peindre.

AVANT-PROPOS.

Ce Voyage, écrit sous la dictée de mes impressions, à mesure que les objets qui frappaient mes yeux venaient émouvoir mon cœur, n'était pas destiné à voir le jour. Lu, même avec embarras, dans un très-petit cercle de famille et d'amis intimes, sur l'indulgence desquels j'avais droit de compter, j'étais loin de penser alors que, cédant à leurs conseils, je ferais imprimer, *pour eux seulement,* quelques exemplaires de ce récit qui les intéressa un moment. Malgré leurs instances obligeantes, j'étais bien déterminée à n'y pas céder, et j'aimais mieux en faire faire quelques copies; mais ma Mère a désiré qu'il en fût autrement, l'impression convenant davantage à la délicatesse de sa vue. Je n'ai pas dû résister à une prière de mon adorable Mère, et je livre de nouveau à son indulgence et à celle de mes amis, ce Voyage plein des mêmes négligences qu'ils ont pu y remarquer d'abord. A présent que j'ai cédé à leurs vœux, il ne leur convient plus d'être sévères, et je rends leur amitié responsable de la critique qui m'attend : toutefois j'espère qu'elle ne viendra que d'eux, et que ce faible ouvrage ne sortira pas des mains auxquelles je le confie. Ce serait m'affliger à jamais que de m'exposer aux jugemens des indifférens, et ce n'est qu'à ceux que j'aime que je puis et que je veux me sacrifier.

VOYAGE DANS LES PYRÉNÉES.

LE DÉPART.

5 juillet 1818.

Je pars; j'ai le cœur déchiré des adieux que je viens de faire : je pleure, mais c'est en vain; les pleurs ne consolent pas mon cœur malheureux : tous les souvenirs de l'amitié me suivent comme l'image du bonheur; ils ajoutent à mes regrets, et semblent ne se retracer à ma mémoire que pour désenchanter ce voyage, que j'entreprends pour mes chers enfans. O mes enfans chéris, puisse mon amour pour vous me soutenir contre l'absence!

Je n'ai plus, je ne sens plus ce feu, cette activité dévorante de la jeunesse, qui nous poussent vers les objets inconnus; entourée de mes amis, tout serait plaisir; loin d'eux, tout se décolore; l'enthousiasme s'éteint, et les jouissances solitaires ne suffisent plus quand on aime; ne pouvant les réunir à moi, je veux au moins les associer par la pensée à tout ce que je vais voir, aux lieux que je vais parcourir, et le compte fidèle que je leur rendrai des jours passés loin d'eux leur prouvera que, pour moi, le sentiment de tous les temps, de tous les lieux, de tous les instans de la vie, c'est l'amitié, la tendre et constante amitié.

LE RONDON.

A sept heures du matin nous étions à Orléans, et, suivant rapidement notre route, nous fûmes bientôt en face de ce charmant coteau qui s'élève sur les bords du Loiret, et que l'on découvre du chemin qui mène à Blois. Je devins rêveuse en apercevant le Rondon, ce beau séjour où j'ai passé mes premières années; je croyais remonter le fleuve de la vie, et cueillir ces belles fleurs qu'on ne trouve qu'à sa source. En un instant, toute la fraîcheur, toutes les grâces du jeune âge m'apparurent réunies. Je me retrouvai au temps des plaisirs, des espérances; je me rappelai ces jeux charmans des premiers momens de l'existence. Mon cœur trouva le bonheur dans ma mémoire; mille souvenirs pleins de charmes le rendaient heureux. Je ressaisissais le passé avec une ardeur si vive, que je me faisais illusion. Je me voyais courant dans la prairie, poursuivant le papillon; légère, incertaine comme lui dans ma course, il guidait mes pas, il m'entraînait dans les bois, au bord du ruisseau, où, me reposant de ma victoire, j'aimais à écouter le murmure de ces eaux si claires, si transparentes. Quelquefois j'osais les franchir pour cueillir les fleurs brillantes qui croissaient sur l'autre bord. Souvent j'aimais à y délasser mes pieds échauffés par la course rapide. Jouant avec mes compagnes, nous ne connaissions encore de la vie que le bonheur. Légères comme le plaisir, heureuses comme l'imprévoyance, nous suivions nos goûts, nos penchans; les jours étaient heureux sans monotonie, car la vivacité de la jeunesse donne de l'intérêt, du charme à tout ce qui l'occupe; les jeux, les amusemens se succédaient comme les heures; les heures se succèdent encore, mais hélas! le passé n'est plus.

Eh bien, je m'en souviens, malgré l'enchantement du jeune âge et l'ignorance de la vie, j'éprouvais déjà cette douce tristesse, cette mélancolie qui entraîne vers les choses rêveuses; j'aimais à m'enfoncer dans les bois, je me plaisais aux bords des fontaines; une faible cascade, une légère chute d'eau, me retenaient pendant des heures entières par un attrait inconnu; j'aimais à voir couler ces eaux si fraîches qui balançaient mollement les jolies fleurs qui embellissaient leurs rives; j'aimais à les cueillir, à les confier à ces vagues gracieuses qui les entraînaient à travers les petits écueils, les faibles obstacles que formaient les cailloux; je suivais des yeux ma fleur, je me plaisais à la voir triompher après avoir lutté quelques instants; puis je la voyais fuir rapidement. Dans leur forme élégante, le convolvulus ou la mauve me semblaient le char de **Thétis** glissant légèrement sur les ondes ; je jetais d'autres petites fleurs pour orner cette course triomphale ; je la perdais de vue en rêvant à sa destinée ; je m'y attachais comme à celle d'un ami ; mon cœur battait à l'idée du vent, du moindre souffle destructeur..... Hélas ! plus tard aussi, j'ai craint d'autres orages pour d'autres fleurs embarquées sur le fleuve de la vie ! mais alors, adieu les douces rêveries, adieu le vague enchanteur de l'imagination et de l'âme ; plus d'idéal, tout est positif, tout est tristesse ; on ne rêve plus, l'on pense, et c'est en vain que les feuilles de rose vogueraient sur le ruisseau limpide, le cœur, flétri, n'y trouverait plus de charme.

BLOIS.

Nous arrivâmes à Blois, excédés de chaleur, de poussière et de fatigue. Un bain nous délassa promptement. Un dîner passable nous fut servi. La crème tant vantée de Saint-Gervais nous parut bien encore au-dessus de sa réputation; elle était si parfaite, que nous avions envie d'en envoyer à nos amis; mais trop légère, trop délicate, elle n'aurait pu supporter la route; il fallut renoncer à ce désir. Nous sortîmes bientôt pour aller au château; mon impatience était extrême : tant de souvenirs sont réunis là, dans ce vieux séjour!

Après avoir traversé quelques rues, nous vîmes une tour très-haute, couverte de lierre; elle fait partie du château, et frappe déjà l'imagination par son style gothique : on se sent subitement transporté dans les siècles passés; la mémoire rappelle ces temps chevaleresques qui nous parlent de gloire et d'amour; il semble que tout prenne une voix ici pour raconter les exploits de ces braves qui ne sont plus; leur origine se perd dans la nuit des temps; on ne sait qui fit élever ces somptueuses demeures, ces remparts menaçans, ces immenses donjons : les travaux de l'homme lui survivent; il disparaît de la terre, mais ses ouvrages immortels annoncent cet instinct, ce sentiment intime de l'avenir où s'attachent toutes ses espérances : l'homme assez malheureux pour croire au néant, n'élèverait jamais, ne créerait jamais rien de grand, rien de durable.

Nous suivîmes les remparts élevés de ce château, si beau encore malgré ses différentes architectures. Celle qui tient à la tour est la plus ancienne; sans doute elle date du temps des comtes de Blois. Louis XII est né dans le château de Blois; François Ier l'habita, y donna des tournois, des fêtes magnifiques, lorsque sa sœur épousa le duc d'Alençon. Henri IV y épousa Marguerite de Valois. Quels souvenirs pour des Français que celui de ces rois si bons, si braves, si brillans de gloire, de grâces et d'esprit! Nous cherchions avec empressement les dauphins, les hermines, qui étaient les signes de ce roi tant aimé, à qui le peuple, dans son amour, donna le doux nom de Père; on les retrouve dans la partie qui fut refaite du temps de ce vertueux prince. Les salamandres rappellent François Ier, dans le côté qui domine la place; cette façade est extraordinaire et un peu confuse par la multiplicité des petits détails d'ornemens qui s'y entassent.

Là, le cœur, l'esprit, la mélancolie rêveuse, la mémoire, nous montrent le passé; la gloire apparaît au milieu des ruines, elle dit la valeur de nos rois : immortelle sur ces grands débris, elle redira la nôtre un jour aux descendans de ce peuple, de ces Français dont elle est, dont elle sera toujours l'idole.

On nous fit voir la salle des États; ici d'autres souvenirs viennent rappeler les factions, les haines, l'ambition, la vengeance. Le duc de Guise se retrace à la pensée; en songeant qu'il fut victime, on oublie qu'il fut ambitieux : eh! qui ne s'intéresserait à ce noble duc de Guise, si grand, si supérieur, si rempli de toutes ces qualités attractives qui séduisent les hommes, et entraînent souvent en dépit de la raison, et contre les opinions?

On voit dans la salle des États la tribune où le roi assistait, sans être vu, aux délibérations; on voit l'escalier par lequel monta le duc de Guise, qu'un lâche assassin attendait à l'entrée de l'appartement du roi : plein d'une noble confiance dans la destinée qui le trahit, se refusant aux conseils prudens du cardinal, il ne peut croire à la perfidie, à l'assassin est au milieu de Français! il oublie que Catherine est là; son grand cœur ne se défiant pas de l'étrangère, il entre chez le roi..... O faible et malheureux roi! tu permis le crime, et bientôt, toi-même, tu tombas sous le fer d'un fanatique farouche..... Le malheur est-il donc toujours la suite de la faiblesse ?

On voit aussi l'endroit où le cardinal de Guise périt, assassiné à coups de pertuisane; la cheminée, ou plutôt la place où il fut ensuite brûlé, dans la salle même des États; cette illustre victime de l'amour fraternel avait prévu la destinée, sans pouvoir y échapper.

Nous montâmes dans la chambre du roi; nous vîmes le petit corridor par lequel arriva, sans défiance, le grand homme que le perfide Lognac priva de la vie. Il ne reste aucune trace de son sang, malgré qu'on assure le contraire; le temps a laissé le souvenir du crime, c'est bien assez.

Nous entrâmes dans la chambre de la reine; là, toutes pensées de gloire, d'amour, de tendresse, de pitié, s'éteignent; la haine, la ruse, la perfidie, la vengeance, toutes les furies de l'enfer apparaissent, et Catherine au milieu d'elles. Elle mourut dans cet appartement, que nous nous hâtâmes de quitter pour aller chercher des souvenirs plus doux.

Valentine, la tendre Valentine de Milan, a aussi habité ce château après avoir tant pleuré Louis d'Orléans, son époux adoré. Oh! qui ne se sentirait ému, en songeant à la tendre et constante sensibilité de cette charmante princesse? à cette pensée de son cœur, si naïvement exprimée par la grâce et l'amour : « Rien ne m'est plus, plus ne m'est rien » ? En me rappelant ses malheurs et sa tristesse, mon cœur aussi s'attrista, et tandis que mes enfans dessinaient, rêveuse je fus m'asseoir parmi les décombres, les ruines de ce royal séjour, témoin de tant de fêtes, de crimes et de malheurs. Assise sur ces créneaux renversés par le temps et que recouvre une herbe fraîche, la sauvage tristesse de ces lieux, les objets qui m'environnaient, le souvenir de Valentine, tout me portait à rêver sur la vie, et sur la brièveté des choses qui nous la font aimer. Hélas! tous les sentimens sont fugitifs, et plus ils se sont emparés fortement du cœur de l'homme, plus ils le désertent rapidement; tout ce qui lui ferait chérir l'existence n'y saurait demeurer, la douleur seule y reste, et, comme les ruines, elle atteste le bonheur passé; ainsi l'éprouva sans doute la sensible Valentine, que son chagrin conduisit au tombeau.

Après avoir visité tout cet antique palais, qui sert maintenant de caserne; après avoir admiré le superbe escalier qui se trouve dans la partie que fit élever Gaston d'Orléans, pendant son exil à Blois, nous quittâmes ce château, le cœur et l'esprit remplis des souvenirs qu'on y retrouve.

AMBOISE.

Lorsque nous fûmes arrivés à la poste d'Amboise, nous y laissâmes nos voitures, et traversant le pont, nous nous trouvâmes bientôt dans la ville. Pour aller au château on suit une rue si étroite, qu'une voiture peut à peine y passer; elle monte, elle tourne, et ne ressemble guère à l'arrivée d'une demeure royale. Nous nous en croyions encore bien loin, lorsqu'en suivant une sinuosité, elle frappa nos regards. En voyant l'entrée de ce château, nous fîmes tous un cri mêlé d'effroi, de plaisir et d'admiration : l'aspect de ces hauts remparts, de ces tours élevées, ces contre-forts assis sur le roc, la grille de fer qui défend l'entrée, et la voûte élevée, profonde, étroite et sombre qui mène à l'intérieur des cours du château; la petite chapelle gothique qui surmonte avec grâce ce noir passage; sa jolie forme, l'élégance de sa sculpture légère, près de ces masses qui la soutiennent, offrent un contraste que le peintre saisit avec avidité; le savant raisonne, l'antiquaire explique, le sage contemple, et le vulgaire passe au pied de ce vieux palais des rois, sans émotions et sans souvenirs.

Nous sonnâmes : l'imagination déjà soumise aux impressions, nous cherchions sur la tour d'entrée la bannière hospitalière, assurance sacrée qu'autrefois la loyauté donnait à la confiance..... Nous ne vîmes rien; mais sur une terrasse un peu plus élevée que la grille et sur la ligne du mur qui conduit à la voûte d'entrée, nous aperçûmes *le nain* chargé de veiller aux portes du château; nous demandâmes à le visiter, ce qu'il accorda de bonne grâce.

Je ne saurais définir ce que j'éprouvai en entrant sous cette voûte sombre. On sent que toutes ces formes imposantes et sévères appartiennent aux vieux siècles, et rien ne donne mieux que ces vastes habitations, des idées de puissance et de crainte : de puissance, car tout y révèle les moyens d'oppression ; de crainte, parce qu'on voit partout les moyens de défense, la place des herses, des portes de fer multipliées, les anneaux qui servaient à tendre les chaînes. En traversant cette voûte d'une hauteur prodigieuse, tout nous inspira une terreur secrète, et cette première impression s'accrut encore lorsque après avoir visité la jolie chapelle qui avait d'abord attiré notre attention, nous entrâmes dans des souterrains profonds, des casemates qui rappellent ces temps où les grands vassaux de la couronne, où les seigneurs châtelains guerroyaient entre eux. Après avoir visité ces vastes souterrains, après avoir en vain sondé, en y jetant des pierres, d'immenses profondeurs que recouvre seulement une planche mobile, et sur laquelle on passe, nous fûmes respirer sur la terrasse et admirer la superbe vue que l'on domine de ce point excessivement élevé. Rien n'est plus magnifique que ce fond de paysage arrosé par la Loire : au loin, par un ciel pur, on découvre les clochers de Tours ; plus près, une végétation admirable se mêle à des fabriques, belles de leur ancienneté ; le château les surpasse toutes par son excessive élévation ; et ses formes remarquables, ses tours énormes se dessinent sur la voûte azurée : cet ensemble est ravissant, nous en jouissions avec ivresse. Dieu ! qu'il y a de plaisir à contempler ces masses imposantes ! ces tours ruinées couvertes de lierre, ces créneaux, ces voûtes sombres, portent à l'âme des impressions de puissance et de grandeur passée; je ne sais quoi de chevaleresque se lie à nos sentimens, à nos pensées; nous remontons à travers les siècles, aux temps de nos aïeux, pour y découvrir leurs mœurs; émus par les objets qui nous frappent, nous éprouvons dans ces souterrains, ces sombres cachots, une terreur qui nous révèle et les infortunés qu'ils renfermèrent, et les supplices dont ils furent les témoins : quelque noble dame, victime de l'amour et de la jalousie, a peut-être langui dans ces demeures affreuses ; le déloyal châtelain fit peut-être périr à ses yeux le damoisel, l'ami à qui sa foi elle a juré...

Ce fut dans ce séjour que Louis XI institua l'ordre de Saint-Michel : ce nom de Louis XI semble porter avec lui des souvenirs de terreur et d'effroi ; sans doute ce roi cruel fit périr ici les victimes qu'il sacrifiait à son horrible politique, à sa haine, à sa tyrannie ; les tortures, les chaînes, les cages de fer, tous les instrumens de sa cruauté, furent peut-être placés dans cette tour où nous entrâmes, et par laquelle il descendait du haut de la terrasse à la ville, à pied, à cheval, dans son coche, toujours caché, fuyant le jour et les hommes qu'il détestait. Cette énorme tour reçoit la lumière par des ouvertures pratiquées de distance en distance, dans l'excessive épaisseur des murs ;

elle y arrive obliquement et n'éclaire que faiblement. En suivant un plan incliné, on tourne sans cesse sous cette voûte, dont les arceaux s'appuient sur un centre assez vaste pour que l'intérieur serve de cachots. Des portes indiquent l'entrée de ces sombres demeures, et sans doute les plaintes, les gémissemens des victimes, furent souvent entendus par le tyran farouche, lorsqu'il traversait cette tour; mais c'est en vain que ces voix douloureuses et plaintives imploraient sa clémence, son cœur ne la connut jamais. Nous vîmes bientôt d'autres cachots dans l'épaisseur des murs; ceux-là dans le bas de la tour mènent à des souterrains totalement privés du jour; mes enfans firent quelques pas dans ces ténèbres, bientôt je n'entendis plus leur voix; celle du guide m'avertissait encore, en criant : » Prenez garde! il y a des abîmes! n'avancez pas!...» Mon sang se glaçait de terreur..... Ces sombres cavités, ces profondeurs inconnues, jettent l'effroi dans l'âme; on ne sait ce qu'on voit, on ne sait ce qu'on éprouve, on frissonne involontairement; des idées vagues de malheurs, de crimes, de vengeances, s'emparent de l'imagination; l'oreille attentive croit entendre au fond de ces abîmes quelques gémissemens, le cœur se trouble, et l'on recule d'horreur.....

Mes enfans revinrent enfin; nous descendîmes jusqu'à la porte de cette tour effroyable; elle nous fut ouverte, nous l'examinâmes à sa base; dans son ensemble elle tient à des galeries immenses, pratiquées dans l'intérieur des remparts, et qui servaient sans doute à la défense; tout cet aspect est imposant. Nous montâmes la tour, et nous nous reposâmes sur la rampe qui tourne comme un balcon autour de son sommet; nous restâmes là quelque temps à rêver, encore tout émus de ce que nous avions vu.

Ces noirs détours, ces murs abandonnés, ces tours démantelées, ce lierre qui vit sur les ruines, leur reste fidèle, et qui, comme l'amitié, s'attache fortement au malheur, tout remplit l'âme d'une vive et forte émotion; on aime le sifflement du vent dans ces ruines mélancoliques : il semble plein d'harmonie. Il y a quelque chose de magique dans ces noirs donjons, sous ces voûtes mystérieuses; tous ces vieux manoirs d'un autre âge sont poétiques; la mélancolie s'assied sur leurs débris, et rêve les temps passés; ces remparts détruits racontent tant de choses ! Ah! que leur muette éloquence émeut puissamment le cœur! Le vent qui siffle dans ces créneaux rappelle les soupirs de la beauté captive. Elle a vécu, souffert dans ces donjons; mais elle aima, mais elle fut aimée, c'est là la vie!

Nous quittâmes enfin ce séjour, après en avoir dessiné quelques parties. Ah! si les émotions fortes rendent la mémoire fidèle, la nôtre conservera toujours le souvenir de cette sombre et formidable demeure.

RUFFEC.

Mes amis, n'attendez de moi ni plan ni méthode; j'écris en marchant, à l'auberge, dans ma voiture, à mesure que je vois, que je pense; je vous dis tout ce qui me passe par la tête, par le cœur, c'est presque voyager avec vous.

Pendant que nous changeons de chevaux, on vient nous offrir des fromages que nous achetons, ne trouvant rien de mieux; un habitant, choqué du peu de prix que nous mettons à cette production si vantée de son pays, s'exprime avec chaleur, et assure qu'on envoie de ces délicieux fromages à Paris, et qu'ils y sont fort estimés; notre guide de route, M. V**, dit de même dans son ouvrage, et voilà que sur la foi du livre et celle de l'habitant de Ruffec, nous commençons à trouver ces fromages excellens; j'en riais malgré moi, cela me rappelait ces réputations auxquelles on croit sur parole, qui sont l'ouvrage, non de la conviction, mais d'une coterie; la société exerce une singulière influence à cet égard; tant de gens n'ont d'opinion que par impulsion! Ce moyen de coterie n'est au reste que pour l'homme médiocre; le vrai mérite marche seul, sans soutien, sans appui que sa force et sa conscience; sa marche est lente, mais elle est sûre, et le but n'échappe point à qui y va par une ligne droite.

LES ORMES.

Il pleuvait à verse lorsque nous arrivâmes aux Ormes; j'éprouvai un vif regret de ne pouvoir visiter cette belle habitation, célèbre par le séjour qu'y fit M. d'Argenson après sa disgrâce; son fils, qui l'habite aujourd'hui, l'entretient admirablement, et l'on assure que ce magnifique château est remarquable par l'élégance, la richesse, et que le parc qui y tient est un des plus beaux de la France. Dans le village, tout annonce l'aisance, le bonheur, et chaque habitant parle de son seigneur comme il parlerait d'un père adoré. Je m'étonnais d'entendre un éloge si unanime de M. d'Argenson, par des gens qui ont plus de penchant à l'ingratitude qu'à la reconnaissance, et je pensais qu'il fallait bien qu'ils fussent sous le poids des bienfaits, puisqu'ils s'exprimaient ainsi. Partie de Paris, sinon avec des préventions, au moins avec quelques souvenirs vaguement désavantageux à M. d'Argenson, je m'affligeais de voir que la plus faible nuance dans les opinions portait fort injustement à juger défavorablement les hommes qu'on estimait la veille, et de la bienveillance desquels on se fût honoré; on les blâme sans savoir ce qui les a décidés, les motifs qui ont pu les entraîner...... Qui sait ce que nous eussions fait dans la situation de tel ou tel que nous critiquons?

Je ne crois pas que ce soit dans la vie politique qu'il faille juger les hommes; là ils sont poussés par les événemens; les circonstances les dirigent; ils sont souvent par leur conduite en opposition avec leurs opinions, leurs principes; tel a dit et fait une chose, poussé par son parti, ou excité par le parti contraire, et qui est en sens inverse de ce qu'il pense, de ce qu'il sent, de ce qu'il veut. Ne jugeons pas trop légèrement les hommes qui doivent nous juger à leur tour. Tel aussi n'est capable d'une grande action, d'un beau dévouement, d'un enthousiasme de situation, que parce que tous les regards sont sur lui; et celui qui sera grand, noble et généreux, quand la patrie ou les hommes le contemplent, n'est peut-être chez lui qu'un cœur froid, impérieux, tyran de tout ce qui l'environne, et se vengeant dans la vie privée, des sacrifices que sa vie publique lui impose. M. d'Argenson n'est point cela; je ne veux pas le juger comme représentant; assez d'autres s'empareront de la balance; mais sera-ce toujours la justice qui prononcera?

J'ai vu, j'ai causé avec plusieurs de ses vassaux, tous m'en ont fait l'éloge le plus touchant; ils parlent de sa bonté, de sa bienfaisance, des pleurs qu'il essuie, des heureux qu'il fait, de l'intérêt qu'il prend à chacun d'eux en particulier : M. de d'Argenson partage ces éloges. J'ai eu un véritable chagrin de ne point voir les Ormes, ce château renommé par la retraite du ministre disgracié, mais bien plus digne de l'être, selon moi, par les vertus de son propriétaire actuel : je n'ai point vu les maîtres de cette belle demeure, mais j'emporte le souvenir de la reconnaissance, de l'amour qu'ils inspirent à leurs vassaux, et c'est assez pour que je n'oublie jamais les Ormes.

CHATELLERAUT.

Dans quelque condition que l'on rencontre une femme, il n'est personne qui ne s'attende à la trouver douce, timide, et modeste; ce sont des qualités qui semblent faire partie de son être. Aux Ormes j'en avais rencontré une de ce genre, qui tout en me faisant l'éloge de son seigneur, et en quelque sorte les honneurs du beau séjour qu'il habite, m'avait offert des couteaux avec tant de politesse, un son de voix si doux, que je ne m'étais pas senti la force de refuser; mais quand j'arrivai à Chatelleraut, et qu'une douzaine de harpies se jetèrent sur ma voiture, les unes montées sur des chaises, les autres sur les roues, celles-ci sur le siége, celles-là frappant sur les glaces, et s'indignant de les trouver fermées; faisant leurs discours à travers cette fragile barrière...., je ne saurais dire l'effet désagréable que produisit sur moi le ton aigre, aigu, glapissant de ces femmes. Deux d'entre elles passèrent leur corps par une des glaces que j'avais négligé de fermer, et les voilà parlant toutes deux à la fois avec une volubilité inimitable, sans point ni virgule, sans même respirer. Le timbre criard et insupportable de leurs voix, une odeur d'ail qui me portait au cœur, la souffrance de mes oreilles, la chaleur, le bruit que me faisaient ces femmes, le vacarme de celles qui, appuyées sur leurs épaules, tâchaient d'introduire leurs mains remplies de couteaux, de ciseaux....., tout cela m'agaçait les nerfs, au point que j'en avais les larmes aux yeux : ne voulant pas me mettre en colère, j'achetai malgré moi pour me débarrasser de ces criardes créatures....; j'en trouvai de même nature aux deux relais suivans, et je fis serment de ne jamais repasser par Chatelleraut.

Nous traversâmes Poitiers, en regrettant de ne pouvoir nous y arrêter. Cette ville est remarquablement située, l'arrivée en est pittoresque et riante; la promenade, plantée par **M. de Blossac**, serait admirée dans les plus belles villes d'Europe; et la vue que l'on découvre de la terrasse de ce beau jardin, est d'autant plus faite pour attirer l'attention et l'intérêt, qu'elle rappelle de grands et historiques souvenirs.

Au-delà de Poitiers, la route est bien ennuyeuse. Nous passons dans un pays triste, désert, silencieux, où la présence de l'homme n'est attestée que par ses travaux; personne sur la route, personne dans les champs; c'est une solitude complète, mais sans charme, mais sans intérêt; des champs, toujours des champs, dont la couleur uniforme et monotone endort l'imagination; pour retrouver quelques pensées, il faut se rejeter dans le passé, ou s'élancer dans l'avenir; ici tout s'éteint, tout meurt, et l'influence de ce sol plat et aride se fait sentir à l'esprit comme au cœur.

CHAUNAY.

Il était fort tard lorsque nous arrivâmes à Chaunay, exténués de fatigue, de chaleur et de besoin; les postillons et M. V*** nous assuraient que nous aurions un gîte excellent, nos voyageurs s'en faisaient une fête; nous descendons à l'auberge, tout le monde était couché; la crainte s'empara de nous; la cuisine est bien froide quand les gens sont couchés : on se lève, nous entrons, nous montons guidés par une vieille femme, qui bâille en nous éclairant de sa triste chandelle; l'escalier tremble sous nos pas, j'ai peine à y mettre le pied, le palier tremble, les planches tremblent, tout tremble dans cette masure si renommée. Chacun de nous s'empare de sa demeure, la mienne me semble plus vacillante encore que les autres;

je crains d'enfoncer ce plancher mobile, je le sens manquer sous moi, et la communication directe que les vers et le temps ont établie entre cette pauvre chambre et celle de dessous, ne me rassure pas du tout. J'aurais vu tout ce qui se passait un étage plus bas; mais c'étaient des rouliers, j'entendais leurs éclats de voix, leur gaieté bruyante, cela ne valait pas la peine d'imiter l'indiscrétion d'Asmodée.

On nous proposa pour souper, poulets, canards, légumes, fruits; après dix-huit heures de marche et d'abstinence, nous jouissions de l'idée de réparer nos forces; il était tard, je craignais que la recherche et l'élégance du repas ne le fissent trop attendre, je prie notre aimable compagnon de route de descendre à l'office..... Mais ô douleur! il revient, la figure décomposée, et m'apprend tristement que poulets et canards sont encore dans la basse-cour, fuyant la main assassine qui les poursuit..... Je m'oppose au meurtre de l'innocence;

de bons œufs, des pommes de terre nouvelles, nous suffiront.... Mais les pommes de terre, il faut aller les arracher; les artichaux sont montés, la salade est verte; ce n'est pas le temps du jardinage, dit-on; (juillet!) restent donc les œufs, ils sont parfaits, dit l'hôtesse : ils n'ont que quatre jours!... On soupe cependant, et l'estomac léger, on ne craint pas les mauvais songes : tout manque; mais nous sommes fatigués, et le repos est déjà un plaisir : point de miroir, la toilette se fait à tâtons; du gros linge, absence des meubles et ustensiles de première nécessité, pas même de mouchettes pour entretenir la sombre clarté de deux dégoûtantes chandelles, qu'on nous donne avec peine; n'importe, le sommeil bienfaisant répare tout, console; il apporte l'oubli des maux, et je le préfère à l'espérance, si belle, si séduisante, et surtout si trompeuse.

Le lendemain matin, nous quittâmes Chaunay d'assez mauvaise humeur, car nous payâmes plus cher ce qui nous avait manqué, que nous n'avions payé jusque-là tout ce qui nous avait été donné.

MAISONS BLANCHES.

A chaque relai nous trouvons une quantité de pauvres, et nous leur donnons de bon cœur. S'il est vrai que la voix du cœur parle plus haut que la voix de la raison, c'est un plaisir plus encore qu'un devoir. J'ai fait l'aumône à une bonne vieille; tout en lui donnant, je remarquai que ses cheveux blanc-d'argent étaient séparés régulièrement sur son front, et qu'elle avait dû être très-jolie : cette pauvre femme, fort droite encore, me dit qu'elle avait cent quatre ans. Elle se retira contente, et fut s'appuyer contre un mur près de ma voiture : là elle fit une prière que je n'entendis pas; mais au mouvement de ses lèvres, à celui de ses yeux, je vis qu'elle priait pour moi; j'en fus touchée... Pauvre femme! pour si peu de chose prier pour moi! Un jeune enfant à qui j'avais donné aussi l'imitait..... Je ne saurais dire l'impression que me firent ces deux êtres aux deux extrémités de la vie, et se réunissant pour attirer sur moi les bénédictions de Dieu. Je voulais leur en témoigner ma reconnaissance, mais le postillon partit, et j'emportai le souvenir de ma jolie vieille et de ses beaux cheveux blancs : mon cœur était ému, je pensais à ma mère, à ma mère bien-aimée, qui pourra vivre autant que cette bonne femme, et qui fera plus d'heureux par son grand âge, parce qu'elle a plus d'amis; je la voyais toujours jolie, toujours fraîche, toujours soignée, toujours aimable, bonne, et avec sa grâce si naturelle, son esprit si fin, son caractère charmant, son cœur adorable; je la voyais comme elle est, comme elle sera toujours; car chez elle le temps ne laisse pas de traces, il semble respecter ce qu'il créa de plus parfait. C'est ainsi qu'en me berçant des idées heureuses de l'avenir, je charmais la route triste et solitaire du Poitou : eh! quelle solitude n'est charmée par la pensée de ceux qu'on aime..... O vous tous, mes amis, que je chéris si tendrement, vous ne vous doutez guère du bien que me fait votre souvenir, et combien il m'aide à supporter l'ennui d'un chemin fatigant, pénible, et que je traverserais peut-être avec déplaisir, si chaque pas qui m'entraîne ne devait me rapprocher de vous

ANGOULÊME.

Angoulême se dessine en amphithéâtre sur un rocher très-élevé, qui domine des plaines délicieuses arrosées par la Charente, qui porte bateau en cet endroit, et offre un coup d'œil enchanteur, en serpentant dans des prairies embellies par la plus fraîche végétation. Une promenade fort agréable, qui fait tout le tour des remparts, laisse la vue s'étendre sur toutes ces prairies; les ombrages, les eaux, les fabriques, arrêtent l'attention tour à tour; on jouit d'un ensemble qui ravit et enchante, par l'aspect d'une fertilité et d'une abondance qui doivent contribuer au bonheur.

Cette ville, qui s'honore sans doute d'avoir donné son nom à la fille des rois, a élevé une jolie colonne d'ordre ionique, en mémoire de l'entrée de Madame dans ses murs; cette colonne, située au bas du rempart, sur la route qui conduit d'Angoulême à Bordeaux, produit un effet très-agréable; puisse ce monument durer éternellement, et rappeler à nos neveux l'amour et la foi jurés à la plus malheureuse, à la plus auguste, à la plus adorable des princesses !

A une demi-lieue d'Angoulême, on aperçoit sur la gauche les ruines d'une ancienne abbaye, appelée autrefois la Couronne; ces ruines sont pittoresques, vues de la route. Cet antique séjour de la paix est beau, jusque dans ses débris, qui se marient harmonieusement avec le reste du paysage : rien ne donne à penser comme les ruines, elles portent à la mélancolie, aux souvenirs; ici l'âme se recueille et contemple l'asile de la piété et de la pénitence, avec ces émotions sacrées que la religion inspire, et qui s'accroissent au récit des maux et des persécutions que supportérent les saints ministres des autels, les cénobites pieux qui avaient consacré leur vie à la prière dans ces paisibles solitudes : des hommes impies s'emparèrent de ces tranquilles demeures; ils en exilèrent les saints anachorètes, et avec eux la bienfaisance et la charité. Les pieux solitaires furent dépouillés, chassés, insultés, exilés aux terres étrangères; beaucoup y perdirent la vie, sans plaintes, sans reproches; pardonnant à leurs persécuteurs, priant pour eux, et n'aspirant plus qu'au ciel, seule patrie que promet l'espérance à ceux qui n'ont plus de patrie.

SAINT-ANDRÉ DE CUBSAC.

Une des premières lectures de mon enfance fut les quatre fils Aymon; j'étais passionnée de cette famille valeureuse, et de la peinture chevaleresque des mœurs du bon vieux temps; le Duc Naimes, Charlemagne, toute sa cour, les Pairs, les quatre frères Aymon, le brave Roland, l'enchanteur Maugis, et Renaud, ce brave et loyal chevalier, ce héros si vaillant, ce preux si redouté, tout, jusqu'au volage Olivier, charmait tour à tour mon imagination et mon cœur. C'est une chose remarquable que ces premières impressions sur des organes à peine formés; assurément les événemens, et surtout le style barbare de ce pauvre ouvrage, n'ont rien qui offre un intérêt puissant; mais l'action, si je m'en souviens bien, est vive, rapide; les sentimens exprimés avec les couleurs du mélodrame. Une teinte de chevaleresque, de grandeur, de générosité, il n'en faut pas tant pour s'emparer de toute l'attention d'un enfant, qui ne connaît rien encore de la vie, ni des belles choses dont on lui dit qu'elle se compose. A trois ou quatre ans, je lisais donc et relisais ce roman; il fit mon bonheur au moins pendant un an, et ma mémoire en garde un souvenir plus fidèle que de beaucoup d'autres ouvrages que j'ai admirés depuis.....: la puissance des premières émotions est la plus forte.

Mon bon Charles poussa l'amour de cette lecture chérie encore plus loin que moi, et pendant plus de deux ans je le vis lire constamment l'histoire du héros de Montauban; son plaisir était toujours nouveau en recommençant ce récit historique.

Nous arrivâmes à Cubsac avec ces souvenirs, et en voyant les belles ruines couvertes de lierre de l'antique demeure de Renaud, le cœur nous battit de joie. Figurez-vous une plate-forme assez élevée, couronnée de vieilles tours démantelées; les créneaux sont cachés sous le lierre; les pampres, les plantes grimpantes couvrent et dérobent les formes de ces vieux monumens, où tant de gloire, de bravoure et de fidélité se faisaient admirer. Le temps semble avoir pris plaisir à décorer ces ruines de tout ce que la nature a de richesse de végétation. Jamais rien de plus gracieux ne s'offrit à nos yeux; mais notre surprise fut extrême, lorsqu'en tournant, suivant la direction de la route, nous aperçûmes une sorte d'entrée souterraine; nous avançâmes sous une allée large, taillée carrément dans le roc, et de la longueur de cent pieds environ; la droite était un mur de rocher, tapissé d'une mousse légère, formée par l'humidité; à gauche, l'ouverture s'étendait, on y apercevait de l'eau à travers des jours pratiqués à une certaine hauteur. Nous arrivâmes à une espèce de cour remplie d'herbe, de pierres, et nous vîmes de tous côtés des cavernes admirables formées par l'exploitation des pierres que l'on tire de ce rocher; on ne saurait se figurer la singularité et la beauté de ce coup d'œil, et de l'ouverture des cavernes surmontées de lierre tombant avec grâce et un mol abandon qui le livre au souffle léger du vent qui circule dans cette enceinte. Nous pénétrâmes sous ces profondeurs; nous admirions la couleur dont ces murs sont revêtus; toutes les nuances du prisme les ornent tour à tour, et la lumière pénétrant sous différens angles, produit des variétés d'effets qui sont d'une admirable beauté. Les pierres taillées, celles qui le sont à demi, et se trouvent placées sans ordre, les masses énormes qui portent sur ces angles au-dessus de la tête, et qui semblent prêtes à s'écrouler; leurs formes prononcées, le silence de ces lieux humides, la lumière oblique qu'ils reçoivent, les reflets si beaux qu'elle produit, tout porte dans ce séjour à l'incertitude de la vie : cependant on y est rappelé péniblement par le son lointain et sourd du travail des malheureux qui s'enfoncent sous ces voûtes, pour en extraire la pierre; le marteau se fait entendre faiblement; nous ne vîmes aucun ouvrier, et ces souterrains seuls en résonnant, nous apprirent que quelque infortuné passait ainsi ses jours, loin de la lumière, pour se livrer à un travail triste, malsain, dangereux....... Hélas! c'était sans doute un père de famille qui sacrifiait ainsi volontairement sa vie, la misère n'obtiendrait pas un tel sacrifice.

Le temps avait conservé le séjour où vécut Renaud, le brave Renaud; les hommes sont plus inexorables que lui, et détruisent ce qu'il respecte. Bientôt ces immenses cavernes, ce rocher sur lequel était majestueusement assise la demeure du loyal chevalier, s'écrouleront sous la main destructive de l'homme : les vieilles légendes rediront seules la gloire de Renaud, et tous les souvenirs de cette ancienne et valeureuse famille se réfugieront dans le cœur du petit nombre de ceux qui ont hérité de la loyauté, de la bravoure, et de la fidélité de ces braves chevaliers.

BORDEAUX.

On m'avait tant dit, tant répété qu'on ne pouvait trop admirer Bordeaux, que j'admirai effectivement cette superbe ville; mais l'admiration est bien froide : je ne trouvais rien dans le premier coup d'œil, ni pour le cœur, ni pour l'imagination; cependant, comme on doit accorder aux choses positives de la vie tout l'intérêt qu'elles ont droit d'inspirer, je dois dire que cette ville est d'une beauté remarquable, que ses maisons sont bâties, alignées, ornées avec une élégance qui annonce la richesse et le bon goût : ses édifices sont beaux, ses promenades agréables, la salle de spectacle magnifique, la cathédrale hardie intérieurement et extérieurement, et la vue générale de cette superbe ville est au-dessus de tout ce qu'on peut dire, quand on l'admire surtout de la Bastide, joli village d'où l'on s'embarque pour traverser la Garonne, et arriver à la capitale de la Gascogne. L'activité du port, le nombre infini de bâtimens qui y arrivent sans cesse, la variété continuelle d'une activité commerciale que fait naître l'industrie, et qui produit la richesse; la population, le mouvement, la vivacité, l'accent même de tous les habitans de cette belle cité, annoncent le contentement, le bien-être, la richesse et le bonheur.

SAINT-MICHEL.

A trois heures le lendemain nous entrâmes dans l'église Saint-Michel; nous avions déjà vu les quais, le Chapeau rouge, la Bourse, la salle de spectacle, le cimetière, qui rappelle celui du Père Lachaise, et où nous lûmes quelques inscriptions aussi simples que touchantes; la bibliothéque, le muséum, le cabinet d'histoire naturelle, tenu avec un soin et une propreté remarquables, la cathédrale; quelques autres églises, et, chemin faisant, tout ce qui nous semblait digne de fixer notre attention : la chaleur était excessive; cependant en sortant de Saint-Michel, qui ne nous avait rien offert de remarquable, nous voulûmes prendre notre revanche, en montant la tour de cette église, du haut de laquelle on peut admirer le superbe panorama de Bordeaux. La tour est isolée, en face de la porte de l'église, sur une petite place qui en formait autrefois l'enceinte. Nous montâmes quelques marches, et nous nous trouvâmes sous une rotonde voûtée qui forme la base de cette tour, qui a été à moitié renversée par un orage, mais qui reste encore assez élevée pour dominer à perte de vue et Bordeaux, et toutes les riches campagnes qui l'environnent. Le gardien nous proposa de descendre d'abord, « pour nous faire voir, dit-il, les morts qui sont » dans un caveau sous la rotonde. » Imaginant qu'il y a là quelques tombeaux remarquables, j'accepte la proposition; il descend quelques instans avant nous pour éclairer ce séjour funèbre : un malentendu entre ce pauvre homme et moi nous égayait en son absence, et je ne sais quelle disposition à la gaieté s'était emparée de nous, lorsque ce bon vieux revint nous chercher. Nous le suivîmes vers un escalier sombre, où, la lampe à la main, il guida nos pas, qu'un fou rire rendait encore plus incertains que l'obscurité; la porte était si basse, qu'il fallut baisser nos têtes pour entrer dans ce séjour de la mort, image du joug inévitable que tout être mortel doit subir : ni la naissance, ni la fortune, ni la beauté, ni les grâces, ni la jeunesse, ne peuvent éviter cette cruelle condition de la vie. Nous nous courbâmes donc sous ce lugubre arceau, et nous pénétrâmes dans l'enceinte funèbre, où le spectacle qui nous frappa, en nous saisissant de terreur et d'effroi, s'empara si fortement de notre imagination, que nous ne crûmes plus à la vie que par la souffrance de notre cœur.

Nous nous trouvions dans un caveau circulaire terminé en voûte, au milieu de laquelle une lampe sépulcrale répandait une lueur incertaine, dont la faible clarté nous fit découvrir tout à coup une prodigieuse quantité de cadavres debout, appuyés contre le mur; la mort, partout la mort et ses formes hideuses. Tous ces corps disposés circulairement, et conservant en quelque sorte les attitudes de la vie et l'expression des derniers momens de leur existence, forment un spectacle affreux, horrible, épouvantable, et le courage recule en apercevant ces restes, vainqueurs du temps. Ce ne sont point des squelettes; ce sont des corps revêtus de tout ce qui caractérise la vie, mais desséchés, mais flétris, mais hideux : les chairs, les formes, se voient encore; des lambeaux de chemises, de linceuls, des enveloppes, du linge, sont encore attachés à ces membres, à ces corps desséchés, ils en ont pris les couleurs, et la mort aussi a ses harmonies comme la vie.

Oh! qui pourrait dire l'impression terrible que fait un tel spectacle! Nous étions muets, écoutant en silence les traditions de notre guide sur ces différens personnages qui furent autrefois. Il sait l'époque à laquelle ils vécurent, ce qu'ils étaient, ce qu'ils firent, le bien, le mal;

et semblables aux rois égyptiens, on dirait que ces corps inanimés attendent leur sépulture du jugement des hommes.

Il nous raconta plusieurs choses remarquables sur ces êtres que les siècles n'ont pu réduire en poussière. » L'un était un homme respectable qui mariait chaque année douze pauvres filles orphelines, ou vouées au malheur par la pauvreté; il leur donnait mille francs de dot. L'autre fut une religieuse; ses mains encore croisées sur sa poitrine attestent la paix de ses derniers instans. Un troisième porte sur ses traits l'empreinte des plus vives souffrances; il mourut d'un cancer, et les angoisses de la douleur ont toute la force d'expression que leur donnerait la vie. » Il nous fit remarquer une femme belle encore après trois siècles de mort; le sourire le plus doux, la sérénité d'une belle âme, se remarquent sur son visage....... Ah! sans doute elle mourut entourée d'amis, dans les bras de ses enfans, et le bonheur marqua son dernier moment.

Les difformités, les blessures, les plaies, les cicatrices, tout est visible; la régularité des formes se conserve de même. Je remarquai des mains de femme d'une rare beauté; elles me rappelèrent celles de la Vénus; je n'en vis jamais d'aussi parfaites. On ne saurait se figurer ce que de pareilles choses font éprouver quand on les considère. Mais de quel effroi je fus saisie lorsque, attentive aux récits de mon guide, examinant à la sombre lueur de sa lampe vacillante tous ces corps dont il retraçait l'histoire, je heurtai fortement contre quelque chose qui me fit à moitié tomber, et que, la lampe éclairant tout à coup cet objet funèbre, je me vis à demi penchée sur un grand cadavre placé au milieu du caveau, sur des débris d'ossemens entassés, et pressés sous ce cadavre! Tout mon sang se retira vers mon cœur, et je crus que la vie aussi allait m'abandonner. » Ce n'est rien, dit tranquillement le guide; c'est un de ceux-là; venez de ce côté..... » Je le suivis un peu troublée, et charmée de quitter ce séjour de ténèbres; mais avant de repasser le seuil de cette triste enceinte, il nous fit voir un homme d'une force remarquable, qui avait péri en duel. Il nous montra un coup d'épée au-dessous du col : « Voyez, dit-il, s'il eût voulu s'en tenir au premier sang, il existerait peut-être encore, car il n'y a pas plus de quarante ans que cette affaire eut lieu; mais il ne fut pas content, et il reçut de nouveau, dans la poitrine, cet autre coup d'épée que vous voyez, et qui causa sa mort. Il y a peu de temps, continua-t-il, qu'un homme jeune encore vint avec sa femme visiter ce caveau curieux; je leur fis, comme à vous, l'histoire de tous ces corps, dont le plus ancien date de huit cents ans; lorsque j'en fus à celui-ci, et que je montrai les blessures, le jeune homme tomba sans connaissance en s'écriant : C'est mon père! La jeune dame se mit à genoux aussitôt, et pria. On les entraîna tous deux dans un état digne de pitié. »

Le gardien nous dit qu'un Anglais lui avait offert mille écus du corps de ce digne homme qui mariait douze filles par an. Qu'en voulait-il faire? je l'ignore; mais il lui fut refusé, et j'aime à croire que dans ce refus il y avait un sentiment français. En sortant de cette triste demeure, nous montâmes sur la tour. Elle est excessivement élevée; la vue y est magnifique; mais pour moi elle avait perdu tous ses charmes; toutes ces belles choses animées de la vie me semblaient éteintes ; je les voyais comme à travers un crêpe noir, et ce voile lugubre s'étendait sur toute la nature. Je quittai ces lieux avec un vague pénible; j'avais vu de trop près la mort pour jouir de ce qui m'était offert, et cette expression de la vie sur des corps inanimés est un de ces contrastes qui met l'âme mal à l'aise. On ne saurait définir ce qu'on éprouve. C'est une sensation de souffrance inconnue qui flétrit jusqu'au sentiment de l'existence.

LE PALAIS DU ROI.

J'ai vu le palais du roi, j'ai vu avec enchantement le séjour habité par la fille de Louis XVI, et consacré à jamais par ses malheurs et par son noble caractère. Elle éprouva toutes les douleurs de la grandeur méconnue, de la trahison, de la foi violée. La révolte insolente abattit les lis, et l'orpheline du Temple, dépouillée de l'héritage de ses pères, la noble fille des Césars, l'ange qui priait pour la France, chercha de nouveau un asile chez l'étranger. L'honneur et la fidélité, l'amour et les pleurs, accompagnèrent l'illustre infortunée jusqu'aux bords du fleuve qui devait bientôt la revoir triomphante. Les jours du malheur finirent, et cet ange du ciel revint donner le bonheur aux fidèles habitans de cette belle ville, dont le plus beau titre de gloire à l'avenir sera son amour et son dévouement pour l'adorable princesse dont le nom seul retrace toutes les vertus.

J'ai vu ce palais qui retentit du bruit des fêtes et de l'allégresse, pendant le séjour qu'y fit Madame : nous visitâmes ses appartemens ; je ne sais quel respect, quel sentiment profond s'empara de moi en ce moment, en me rappelant toutes les infortunes, toutes les épreuves que souffrit cette grande princesse; mon cœur était oppressé, malheureux; mais le souvenir de sa grandeur, de son noble caractère, de son âme si forte, supérieure à la destinée, me remplit d'admiration, d'étonnement ; je vis l'avenir dans le passé, je prévis les hautes destinées de la France, dont le bonheur et la gloire seront confiés à cette digne héritière de Marie-Thérèse. Tout mon cœur s'élança vers elle, plein d'amour, de respect, de vénération; et je me sentis plus fière d'être Française, en songeant que Madame était fille de la France, et qu'un jour ses hautes vertus donneraient un nouvel éclat à ma belle patrie. Silencieuse et recueillie, je quittai ce palais, où tant de sentimens divers avaient dû remplir le cœur de l'ange qui l'habitait : le mien était plein aussi, mais c'était d'amour pour elle.

LA BRÈDE.

Il était six heures le lendemain matin, lorsque nous montâmes en voiture pour aller visiter le vieux château de la Brède, séjour modeste qui doit sa célébrité au grand homme qui l'habita, au sage Montesquieu. Nous traversâmes des landes, un pays triste, mal cultivé, et après deux grandes heures de route, nous descendîmes au village, où, laissant notre équipage, nous prîmes à pied le chemin qui conduit au château : on y arrive par des bois fort agréables, au milieu desquels se trouve une vaste clairière ; c'est là qu'est située cette ancienne habitation, entourée d'un très-large fossé, une eau claire et abondante s'y renouvelle sans cesse; il n'y a point de vue, elle est bornée par les bois qui entourent à une assez grande distance le château; mais l'œil se repose agréablement sur d'immenses prairies qui y conduisent. Le bâtiment est construit si irrégulièrement qu'on ne peut deviner quelle en est la façade; nous fûmes long-temps à trouver la porte, à laquelle nous parvînmes cependant après avoir traversé deux ou trois petits ponts de bois, construits sur les fossés, et qui sans doute remplacent le pont-levis qui devait y être autrefois. Nous entrâmes par cette petite porte; les maîtres du château étaient sortis, une bonne gouvernante nous introduisit dans ce gothique séjour, où l'on n'a rien changé, peut-être, depuis deux ou trois cents ans; nous demandâmes bien vite à voir la chambre de Montesquieu; en voici la description exacte, et telle qu'elle est restée le jour de sa mort; on l'a conservée ainsi avec un respect religieux, et jamais elle n'a été habitée depuis l'instant fatal où Dieu rappela dans son sein le sage qu'il avait prêté à la terre.

Un lit de damas vert, à quatre colonnes, une glace très-ancienne de forme, penchée en avant au-dessus d'une commode simple en bois, sur laquelle on voit le pot à l'eau, la cuvette, le verre qui lui servaient habituellement. Un baromètre; la chambre boisée en capucinière, c'est-à-dire, en bois naturel, sans peinture. De grands fauteuils de tapisserie, ayant quelques siècles; un tapis devant la cheminée; le siége sur lequel il s'asseyait près du feu, travaillant ainsi la nuit, tandis que tout dormait. Une table de noyer, un écran, un placard en cuivre représentant le buste de ce grand homme.

Le plafond est fait de petites solives noires, traversées par deux poutres.

Une portière en soie rouge.

A gauche du miroir le portrait de la marquise de l'Estrade, sa fille. Deux autres portraits de femme. Un quatrième représentant un ecclésiastique en rochet.

La chambre est carrelée à carreaux octogones, séparés par de petits carreaux, le tout encadré par des bandes de dalles formant le carré.

La chaise sur laquelle il était habituellement assis en travaillant, est en cuir un peu usé, moins par le temps, peut-être, que par les sots qui ont l'impudence de s'y asseoir, pour y chercher en vain du génie.

Je cueillis une fleur à la Brède; il me sembla qu'elle portait tous les parfums de la sagesse. On n'aborde ce séjour qu'avec un respect religieux : la solitude du lieu, le silence qui y règne, annoncent la retraite que le sage s'était choisie; il errait le jour sous ces grands bois inspirateurs; l'éloquence muette de la nature animait ce beau génie; sa vie contemplative se passait à méditer sur les droits des nations, à en assurer le bonheur par l'examen des lois sages, sans lesquelles tout état périt, s'écroule comme un édifice sans bases. L'esprit le plus noble, le plus profond, le plus sublime, appartint à cet homme célèbre, dont le cœur était le modèle le plus parfait de la bonté, de la bienfaisance. Tout semble respirer encore ici sous l'influence de ce grand homme; on le voit partout, l'imagination le retrace dans ses travaux, dans ses bienfaits; on bénit, on chérit, on révère sa mémoire; et dans cet appartement modeste, où tant de sublimes écrits furent composés, on est saisi de respect, de crainte même, tant la supériorité de l'homme de bien impose, tant elle le place dans une région qui nous semble au-dessus de la nôtre, tant on se sent accablé du poids de ce génie formidable! Je me serais prosternée dans cette chambre consacrée par le passé, par le souvevir de Montesquieu..... Mais des insensés vinrent troubler l'enthousiasme religieux de mon cœur, ils profanèrent ce lieu révéré par leurs sottes plaisanteries, par leurs prétentions, par leur insolente gaieté... L'indignation s'empara de nous, et nous sortîmes pour fuir cette foule vulgaire, qu'un rayon divin n'avait pu faire sortir un moment de son enveloppe grossière. Il devrait être interdit à des hommes abâtardis, de profaner ainsi le séjour où brillèrent tant de vertus et de talens.

Nous quittâmes la Brède en disant à ses tours solitaires le dernier adieu de l'admiration et du respect. Le silence nous suivit à travers ces bois antiques; le souvenir de Montesquieu les animait pour nous, et lorsque nous les quittâmes pour reprendre la route de Bordeaux, nos cœurs étaient encore remplis de la plus noble émotion.

LECTOURE.

Nous partîmes d'Agen, charmés de cette ville jolie, riante, et agréablement située. Nous fûmes enchantés du paysage qui l'environne, et jusqu'au fleuve qu'il fallut traverser dans un bac, notre attention fut constamment soutenue par la beauté et la fraîcheur de ce pays charmant; mais dès qu'on quitte la Garonne, tout l'enchantement de cette partie du Midi disparaît; on ne traverse plus que des plaines sans ombrages; aucun intérêt ne vient distraire de la contrariété des routes mauvaises, mal entretenues, qui montent et descendent sans cesse; les quatre dernières lieues surtout depuis le passage de la Garonne me parurent mortelles. La poussière, l'excessive chaleur, l'absence du paysage, l'attente de la superbe vue qui nous était promise à Lectoure; le besoin de repos, les souvenirs de famille qui venaient à la fois charmer et attrister mon cœur; un malaise général de corps et d'esprit; toutes ces choses réunies m'avaient portée à cet état de découragement où l'on se désenchante de tout, où l'on n'est plus sensible à rien : accablée de l'ardeur d'un soleil dévorant, ne voyant point de fin à cette interminable poste, je levais mes yeux au ciel avec un sentiment de détresse; la route tournait en ce moment; j'aperçois tout à coup, dans ce même ciel, des nuages légers et faiblement dorés s'élevant à l'horizon; je regarde, je regarde encore, le cœur me bat..... Les Pyrénées ! m'écriai-je; les Pyrénées ! répétai-je avec ce sentiment passionné qui fait passer de la douleur à la joie. Mon bon Charles doute encore, j'insiste; ces vapeurs qui se confondent avec le ciel sont cependant plus colorées, elles accusent des formes suivies, un cône est indiqué : d'ailleurs à cette heure les nuages ne sont jamais à l'horizon, ils se forment dans des régions plus élevées; je soupçonne, je devine les formes des pics; je me rappelle les montagnes d'Auvergne, je ne doute plus, et je répète avec enthousiasme : Les Pyrénées! les Pyrénées!

Nous arrivons à Lectoure; nouvelle discussion : Émile ne veut voir que des nuages, moi je soutiens que ce sont des montagnes : « Les formes changent, dit-il. — Oui, mais parce que le soleil tourne et éclaire plus ou moins ces grandes masses de neige, qui tantôt se projettent, tantôt se retirent selon la disposition des pics immenses qu'elles recouvrent. » Il regarde, il examine, il est persuadé enfin, et dans son admiration il s'écrie comme nous : Les Pyrénées! les Pyrénées!

Une heure de repos, un déjeuner..... bon en voyage, et que l'appétit rend délicieux; la conversation toujours vive et animée de notre aimable Gascon, sa partialité pour sa patrie, son enthousiasme pour ce qu'elle produit, la supériorité qu'il lui accorde jusque dans la moindre chose, son injustice pour le reste de la France, tout nous plaît; M. B... traite tous les sujets avec esprit, et son cœur étant rempli de l'amour de la patrie, ce noble sentiment colore, motive, excuse tout, même l'exagération gasconne.

Nous avons eu plusieurs discussions en faisant route ensemble, sur la littérature, l'éducation, la politique, et d'autres sujets intéressans encore; il y mettait une vivacité d'esprit, une chaleur de sentiment, qui devaient lui faire gagner sa cause; mais j'étais sur mes gardes, je me défiais de moi-même, et pour résister à l'éloquence et à la chaleur d'âme de mon jeune et aimable compagnon de voyage, j'avais besoin de ne pas perdre de vue mes principes, mes opinions; mais j'ai senti plus d'une fois en l'écoutant, comment on pouvait être entraîné, séduit.

Avant de quitter Lectoure, nous allons sur la place du Bastion admirer une des plus belles vues, et des plus étendues qui se puissent rencontrer; cette vue immense est terminée par la chaîne des Pyrénées, ces géants de la France qui élèvent majestueusement leur tête altière, comme pour dominer et protéger cette belle contrée. Nous les voyons ces rois des monts, nous savons que ce sont eux, on nous l'assure, et nous doutons encore, tant ces formes aériennes et légères se prononcent faiblement; mais chaque pas va nous en rapprocher; dans notre impatience, nous devançons l'espace : adieu, Lectoure, adieu, salut à toi qui nous fis voir les Pyrénées.

Nous allions joindre nos voitures, lorsqu'on nous fit voir la maison du général Lannes, qui tient à cette jolie promenade, de laquelle nous avions admiré les montagnes : on nous dit que lui-même avait planté ce quinconce, qu'il gagnait alors six sous par jour, et que lorsque la gloire en eut fait un homme célèbre, il venait avec ses compagnons d'armes, leur raconter sous cet ombrage, de quel échelon la destinée l'avait fait partir pour commencer une route qu'il parcourut et suivit avec honneur : il se plaisait à redire le modeste salaire qui lui était accordé pour ses travaux dans son enfance. L'éclat des dignités, du rang, de la faveur n'avait point ébloui sa raison; modeste au sein de la grandeur, il voyait des mêmes yeux le point d'où il était parti et celui où il était arrivé. Des hommes de ce genre sont supérieurs à la fortune lors même qu'ils sont vaincus par elle : il est tombé ce géant de la gloire, mais sa mort même a été digne de sa vie, puisqu'il mourut pour sa patrie.

On nous raconta qu'une jeune et jolie personne de Perpignan, aimable, bien née, l'aima et l'épousa malgré sa famille, qui dès lors ne voulut plus la voir. Sa désobéissance fut cruellement punie : entraîné par de nouvelles amours, le guerrier oublia celle qui l'avait tant aimé; il forma un second lien et fut heureux.... s'il perdit la mémoire. Il y avait un fils de son premier mariage, ce fils était l'aîné; il devait succéder légalement aux titres et dignités du maréchal; l'épouse infortunée avait pu taire sa douleur, souffrir sans se plaindre, expier dans les larmes sa désobéissance : comme mère, elle retrouva du courage, réclama les droits de son fils; le maréchal était mort, elle n'avait plus rien à ménager; elle porta sa plainte au pied du trône; la justice et l'équité l'entendirent, le roi lut, accueillit sa demande, et permit que les droits respectifs des enfans fussent discutés. Le procès commença; déjà l'opinion publique se déclarait pour l'innocente victime d'un coupable oubli; sa beauté, ses grâces, sa jeunesse, tout plaidait sa cause..... Tout à coup la mort frappe cet enfant, destiné à ne connaître de son père que sa gloire et son injustice; il meurt! aussitôt on répand le bruit qu'il a été empoisonné; le vulgaire cherche aux choses les plus ordinaires des causes qui l'occupent, qui l'effraient même; on dirait qu'il sent mieux la vie, quand il s'agite, quand il se tourmente. Depuis ce dernier malheur, cette veuve, cette mère infortunée passe sa pénible existence dans la douleur la plus profonde.

On peut se consoler de l'infidélité d'un époux; mais qui peut jamais sécher les larmes d'une mère?

TARBES.

Tarbes m'a paru une ville charmante, bien située, riante : arrosée par l'Adour, qui roule et arrondit les cailloux avec lesquels la plupart des maisons sont construites; on en distingue cependant de fort jolies bâties en pierres. La ville est traversée par des canaux, des ruisseaux qui la rendent très-saine, et entretiennent une extrême propreté : de jolies promenades le long de ces canaux interrompus par des cascades, d'autres plantées dans l'intérieur de la ville, des rues larges, le marbre qui se voit aux portes et aux fenêtres, l'air pur que l'on respire, et la vue si belle, si imposante, si variée des Pyrénées, tout contribue à en faire un séjour agréable : il faut que cela soit bien vrai, puisque j'en ai reçu cette impression au milieu de contradictions qui pouvaient me rendre excusable de la juger défavorablement; je crus un moment que je serais forcée de séjourner malgré moi dans cette ville, qui, eût-elle été la plus belle du monde, ne m'eût point consolée d'y être contre ma volonté.

En arrivant dans la ville on traverse un assez beau pont sur l'Adour; la rivière était basse quand nous le passâmes, mais roulant sur des cailloux, ses eaux limpides et fraîches nous firent autant de plaisir à voir qu'à entendre : nous vînmes nous y promener le soir; rien n'égale la magnificence du spectacle que nous eûmes alors : le soleil se couchait dans toute sa pompe; ses rayons doraient les prairies arrosées par l'Adour, et bordées d'arbres frais et touffus; la vue s'étendait à l'infini du côté du couchant, et semblait se perdre dans un horizon de feu, qui, en répandant sur tous les objets un voile doré, ajoutait encore par ce doux éclat à la beauté du paysage. De l'autre côté du pont, l'Adour encore, et ses eaux transparentes, fuyant à travers les cailloux qu'elles entraînent dans les différens lits qu'elles se forment; elles aiment à parcourir des routes diverses, à vaincre l'inégalité du sol; leur rapidité en triomphe, et le plus doux murmure annonce leur victoire. Au-delà de l'Adour s'élèvent avec majesté ces monts sourcilleux qui touchent le ciel de leurs cimes altières; la grandeur n'exclut pas la grâce, et l'on contemple avec ravissement les belles formes qu'ils affectent, les contours de leurs sommets, les lignes si bien dessinées de leurs élévations intermédiaires, l'élégance de leurs pics, et la couleur, cette couleur ravissante du soir, harmonieuse, incertaine; ces tons vagues que le peintre cherche en vain sur sa palette; ces sommets éclairés des derniers feux du jour lorsque l'ombre régnait déjà aux pieds des monts, la lune argentée commençant à briller sur ces grandes masses et sur les eaux tranquilles..... Ce spectacle imposant et silencieux dont nous étions témoins nous ravissait d'admiration; appuyés sur le pont, et contemplant avec enchantement cette belle soirée, aucun de nous ne savait exprimer sa pensée; l'imagination s'élève, s'agrandit, le cœur s'émeut; mais l'expression, qui peut la trouver et dire ce qu'il éprouve? l'homme étonné, confondu, admire et se tait.

LE LAC D'OO.

Encore sous le charme des premières émotions que fait naître en nous une contrée nouvelle, parée de mille charmes ignorés jusqu'alors; étonnés, éblouis des grands et riches aspects qui nous environnent, nous ne savons pas encore nous rendre compte de nos impressions, mais la jouissance les produit, et qu'importe quand on est heureux de savoir d'où vient le bonheur?

C'est avec ce vague d'enchantement, que ce matin nous nous sommes mis en route pour aller visiter ce beau lac d'Oo, auquel on n'arrive pas sans peine, et qui laisse de si beaux souvenirs. Après avoir traversé la ville de Luchon, et les jolies promenades qui sont si bien situées pour l'agrément des buveurs, notre petite caravane côtoya le gave du Go, jusqu'à un joli pont qu'il faut traverser pour monter la route escarpée que nous devions suivre; nos guides marchaient à côté de nous, le plus souvent du côté du précipice, au fond duquel roule le torrent que nous admirions d'abord, avec cet effroi que causent malgré soi ces profondeurs, auxquelles l'œil n'est point accoutumé, et qui présentent des dangers continuels: on les oublie cependant pour se livrer au plaisir, à l'étonnement du spectacle magnifique et varié qu'elles offrent dans leurs sinuosités, leur escarpement, et les rochers imposans qui disputent à l'onde en courroux, des passages qu'elle se fraie en mugissant à travers ces masses indestructibles. Nous questionnons ces braves montagnards sur tout ce que nous voyons; tout est nouveau pour nous, tout est plein d'intérêt, et notre ardeur pour savoir fatiguerait nos guides, s'ils ne jouissaient pas aussi de la supériorité que leur donne leur instruction locale. Ils parlent et nous écoutons, tout ce qu'ils disent nous plaît; nous voudrions tout savoir, tout connaître de ce qui appartient aux Pyrénées; ils le voient, et ne nous refusent aucun détail; cette curiosité est un hommage rendu à leurs montagnes : ils nous prennent en affection, et notre voyage se fait tout en admirant la sublime nature qui nous environne, et prêtant une oreille attentive à tout ce qui nous est conté.

Après avoir passé un second pont, plus sauvage que le premier, et qu'on a jeté d'une manière pittoresque sur la cascade écumeuse du gave, dans un fond resserré entre des rochers superbes, nous commençâmes à apercevoir, sur une excessive élévation, une tour qui attira notre attention. Nos guides furent interrogés : » Ah! dirent-ils, on ne sait pas positivement l'origine de ces tours que l'on rencontre assez fréquemment dans nos montagnes, mais il y a tout lieu de croire qu'elles furent construites du temps du *Noir.* » Je ne comprenais pas trop d'abord ce qu'ils voulaient dire par cette dénomination ; mais bientôt le prince noir revint à ma mémoire, avec le souvenir de ces temps de malheurs, pendant lesquels notre belle France fut sous le joug de l'étranger, après la perte de cette jeune et vaillante noblesse, qui périt pour sa patrie et pour son roi, dans les plaines de Crécy, de Poitiers, d'Azincourt. Ces souvenirs de deuil se mêlant à ceux plus récens dont nous avions tous été témoins, nous devînmes tristes, et tout le charme de la belle nature qui nous environnait, et la fraîcheur brillante de cette jolie vallée de l'Arboust, dont les roses font oublier celles de Pestum, tout s'enfuit, se décolora à nos yeux : pour qui gémit sur les maux de sa patrie, les roses sont sans couleurs et sans parfums.

Nous fûmes tirés de nos pensées mélancoliques par l'exclamation d'un de nos guides, qui nous fit apercevoir les ruines d'une petite chapelle détruite par les Espagnols : » Voyez, nous dit-il, après nous y avoir fait arriver par une route où nous crûmes cent fois nous rompre le cou, voyez sur cette pierre la trace du pied de saint Aventin; il demeurait dans cette tour de là-haut, qu'on nomme Castel-Blanquat, et voulant arriver plus tôt ici, il ne fit qu'un saut; mais la pression étant forte, son pied s'imprima dans la pierre. Dans le temps des guerres avec les Espagnols, ils emportèrent la statue de saint Aventin, qui était dans cette chapelle; mais lui, ne voulant pas rester chez les ennemis, revint le lendemain matin; ils l'emportèrent encore, il revint de même; alors il fut en si grande vénération dans le pays, que l'on bâtit en son honneur l'église et le village de Saint-Aventin où nous allons passer; ah! madame, c'était un grand saint! » J'écoutais mon guide avec grand plaisir, et je vis la marque du pied très-bien indiquée, et même assez profondément, ce qui ne me surprit pas, car il avait pris son élan de si haut, qu'il fallait bien qu'il y parût.

Ayant parlé des temps de désastres de la France, des Anglais, des Espagnols, le brave Jean se mit à nous raconter ses campagnes, mêlant à ses faits modernes de vieux souvenirs qu'on aime à retrouver dans les lieux mêmes où ils prirent naissance : toutes les vieilles chroniques sont pleines d'intérêt; les noms les plus chers à la France, ceux qui rappellent la gloire, la valeur et la loyauté; ces beaux noms historiques, la bravoure et le dévouement de ces hardis montagnards à leur belle France; mille actions ignorées, mais conservées d'âge en âge, au fond de ces montagnes, par les descendans de ces valeureux, inconnus dans l'histoire, et dont la renommée restera dans ces contrées, tant que l'honneur et la fidélité seront chers aux cœurs français; ce mélange heureux de faits, de sentimens, et jusqu'à la manière brusque, énergique, avec laquelle Jean nous parlait de ces temps déjà loin de nous, tout était d'un intérêt nouveau pour nous; et malgré la fatigue d'une route pénible et du soleil le plus ardent, le plaisir cheminait avec nous, et nous étions heureux.

Nous traversâmes le village de Saint-Aventin; il domine la délicieuse vallée de l'Arboust; tout ce qui l'environne est magnifique; la nature y est riche, imposante; mille ruisseaux viennent se jeter dans le Go, et précipiter sa course rapide au milieu des rochers. Des pâturages admirables, des troupeaux immenses, des cabanes éparses, des granges, tout ce qui annonce la fertilité et l'abondance, vient tour à tour récréer les yeux et satisfaire le cœur : mais en traversant le village bâti sur une pente rapide, je ne vis pas une figure qui n'annonçât la misère et le besoin; elles sont pâles, hâves; elles semblent porter l'empreinte de la souffrance; je n'en rencontrai pas une dont les traits ou l'expression ne me serrât le cœur. On me dit cependant que ces bonnes gens étaient heureux; le voisinage des eaux leur est très-favorable; ils portent à Luchon toutes leurs denrées, qui se vendent bien; ils possèdent d'ailleurs tous les bois, toutes les belles prairies, tous les champs fertiles que nous avions admirés.

Bientôt nous descendîmes, et traversant rapidement une route facile, nous arrivâmes à un autre village, près duquel on voit encore une de ces tours de triste souvenir; on nous apporta de ces belles roses dont j'ai déjà parlé : ces fleurs admirables, au sein d'une nature sauvage, semblent plus belles encore, et leur doux parfum ajoutait à l'enchantement de cette jolie course, où tant d'impressions nouvelles nous créaient comme une nouvelle vie.

Nous fûmes bientôt dans la jolie vallée d'Astos, et prenant un sentier escarpé, nous montâmes long-temps à travers les roches, parmi lesquelles il faut se frayer un passage pour arriver au lac d'Oo : on les escalade les unes après les autres, les chevaux ont une adresse inconcevable et gravissent ces pierres glissantes avec une légèreté et une assurance qui finit par enhardir le voyageur timide en commençant cette dangereuse et pénible ascension. Après une heure de marche, on arrive enfin sur un terrain inégal, couvert d'une herbe épaisse; on avance toujours en découvrant des montagnes d'une hauteur excessive; elles forment une espèce d'entonnoir, et dans le fond on découvre ce beau lac que nous étions venus chercher avec tant d'ardeur. Au sommet des pics nous apercevons des neiges, des nuages légers et diaphanes : en face de nous est une belle cascade de huit cents pieds d'élévation; dans sa chute, elle se brise sur un rocher qu'elle rencontre et frappe sans l'ébranler, et vient ensuite se perdre dans le lac, dont la surface est de deux cent mille toises carrées. Aucune voix ne se fait entendre dans cette vaste solitude; les torrens seuls roulent, grondent, et mugissent avec fureur. L'écho répète le bruit des cascades, et ajoutant à leur fracas dans cette enceinte immense, produit l'effet de coups de canon redoublés, dont la détonation se prolonge à l'infini parmi les rochers. La peine, la fatigue, les dangers, tout s'oublie au sein d'une nature inconnue, admirable, qui dédommage, et compense tout ce qu'elle coûte à venir trouver.

Oh! quelle immense solitude! quelles masses énormes! quels aspects sévères! Ce lac qui réfléchit tous les monts sauvages qui l'environnent, est le fond d'un vaste entonnoir que les siècles ont formé; ces eaux transparentes qui prennent la teinte du ciel et des sommets qui les surmontent, s'écoulent par une cascade alimentée par un lac supérieur, placé sur ces pics qui semblent se perdre dans les cieux; elle commence le torrent de l'Oo; il se précipite à travers les rochers, qui s'opposent en vain à sa course rapide; il pousse, entraîne, surmonte tous les obstacles. Il se brise, se divise contre ces blocs immenses que rien ne peut ébranler; son onde écumeuse et blanchissante creuse un lit nouveau, va féconder au loin les vertes prairies; et brillante à sa source d'une beauté vierge et pure, elle vivifie tous les lieux qu'elle arrose. O spectacle ravissant qui révèle à l'homme tant de grandeur, tant de puissance dans celui qui le créa! Qu'il vienne, qu'il vienne ici l'athée, et qu'il ose renier son Dieu! Mon cœur battait si fortement à la vue de ces belles choses! je respirais à peine : ces rochers saillans, les pins brisés à travers les torrens, ce désordre heureux, que la nature seule sait produire avec grâce, tout me jetait dans un ravissement profond; j'aimais, j'adorais ce Dieu de bonté, de toutes les forces d'aimer qu'il m'a données; mais quoique je fusse si fortement émue, je gardais le silence, car il n'y a point de puissance d'expression pour de telles choses;

mais comme les émotions sont fortes, et comme elles font sentir la vie !

Après avoir dessiné quelque temps, et pris un léger repas au bord du lac, nous reprîmes la route que nous avions intrépidement gravie à cheval; nous descendîmes à pied en suivant le gave parmi les rochers. Ce chemin rocailleux est extrêmement pittoresque : ici le torrent a bravé tous les obstacles; il roule, écume à travers le granit; il se fraie un passage, et son onde bouillonnante se précipite à grand bruit : tantôt on la perd de vue, l'oreille seule suit sa marche, c'est en vain que l'œil en sonde la profondeur; des rochers élevés, resserrés, la dérobent à la lumière; elle fuit dans ces sombres cavités, et reparaît au loin; quelquefois sa pente s'adoucit, elle arrose alors ces fraîches prairies de la vallée d'Astos, dont la couleur semble idéale, que rien ne rappelle, et qu'on ne doit peut-être jamais retrouver; elle coule plus lentement et quitte à regret les

plantes charmantes qui embellissent ses bords :
la rose sauvage, la belle salicaire, la blanche
filipendule, le caille-lait odorant, le brillant
convolvulus, la mauve rosée, la modeste campanule, le superbe aconit qui cache la mort
dans ses fleurs azurées, et mille autres plantes
plus belles encore qui croissent sur ses rives
enchantées à l'ombre du frêne élégant. Ce joli
arbre vit sur ces bords solitaires, il y étale la
grâce et le luxe de son feuillage : un groupe de
cet arbre charmant se voit toujours près des
rochers épars dans la prairie; la force et la
grâce se marient, et les formes austères et prononcées des blocs de granit, ajoutent à l'élégance de ces branches molles et flexibles que
les airs balancent avec tant de grâce : tout est
plaisir, enchantement; l'âme émue, ravie, sent
ses facultés se multiplier, et cependant elles
suffisent à peine à la jouissance que font éprouver ces beaux lieux ; on cède à tant de plaisir,
et comme accablé sous le poids d'un bonheur

inconnu, on en jouit sans plus rien distinguer de ce qui le cause.

Le soir approchait, nous revînmes rapidement après avoir quitté la fraîche vallée d'Astos ; nous revîmes avec enchantement ce que nous avions déjà vu le matin avec enthousiasme : rien de nouveau ne s'offrit à nos yeux, si ce n'est, dans ce même village de Saint-Aventin, une grande et belle femme, filant debout sur le seuil de sa porte ; elle me salua avec une grâce si remarquable que j'en fus frappée, et je la regardai avec une grande surprise ; elle me salua de nouveau, sa belle figure s'anima d'une adorable expression de bonté ; elle sourit.... : c'était le sourire d'un ange..... ou celui de ma mère ! j'en fus émue, et cette douce ressemblance occupait encore délicieusement mon cœur, quand nous arrivâmes à Bagnères-de-Luchon.

MARCIGNÉ.

Nous venons de faire une charmante promenade, laissant presqu'au hasard le soin de nous guider, ou plutôt entraînés par les objets qui charmaient nos yeux. Des vues nouvelles, des pics que nous n'avions pas encore admirés, se sont montrés à nous dans toute leur splendeur. Après avoir réparé par un déjeuner frugal les fatigues d'une course assez longue, nous laissâmes reposer nos chevaux; et suivant le cours enchanteur de ces mille ruisseaux qui baignent, fertilisent les vastes prairies de la jolie vallée d'Hoëls, nous errâmes long-temps, entraînés tour à tour par de jolis mouvemens de terrain, par des masses de frênes au joli feuillage, par de petites cascades murmurant doucement sous ces gazons brillans. Rien ne peut donner l'idée de l'éclat de cette verdure, sans cesse entretenue par de jolies irrigations, dont la beauté n'est que le moindre mérite aux yeux du cultivateur, qui ne voit sous de belles couleurs que l'abondante récolte qu'il doit à son industrie. On admire la prévoyance de l'homme, le désir des richesses le conduit à l'instinct des améliorations : tous ces petits ruisseaux creusés par les habitans de la vallée, après avoir fait cent et cent détours vont se jeter dans la Neste, torrent rapide qui à son tour va se jeter dans le Go, au-dessous de la vieille tour de Castel-Blanquat, assise sur une chaîne de rochers qui descendent de ce point élevé, jusque dans le torrent qui les baigne, ou vient se briser contre leurs formes âpres et anguleuses. La route était jolie, nous la suivîmes tout en cueillant des fleurs; la chaleur était excessive, mais nous aperçûmes une église à formes, à couleurs gothiques. Le moyen pour des peintres de résister à cet attrait? Nous vainquîmes le soleil, et arrivés à l'église, nous y entrâmes pour trouver la fraîcheur bienfaisante dont nous avions tant de besoin. Nous fîmes notre prière : cette petite église offrait quelque chose de touchant : une multitude de fleurs la décoraient d'une manière singulière : une espèce de corniche à hauteur d'homme supportait tout autour de petits paquets de fleurs cultivées, de fleurs des champs; de longues feuilles de roseau placées avec symétrie de distance en distance, s'élevaient vers la voûte : on respirait un air embaumé. Nous fûmes attendris de ce culte modeste, c'était la première fois que nous avions vu cette offrande; cette parure si simple, si fraîche, dont l'homme décorait le temple consacré à l'Éternel; cette petite église si pauvre, si modeste, ornée cependant avec élégance et richesse sur l'autel, ce luxe de l'or tout près des bancs de la misère; cette église, dis-je, perdue au fond de la vallée solitaire, au milieu de ces élévations qui touchent le ciel; ce contraste des grandes masses de la terre, avec ce temple consacré à la Divinité au sein de ses plus sublimes créations; le torrent qui roule ses ondes mugissantes au pied de ce simple édifice; une croix tout auprès et penchée vers l'abîme, cette croix, emblème des souffrances de la vie, et symbole d'espérance pour une vie meilleure; l'isolement de ces lieux, le bruit du gave, la croix, les jolies fleurs, et la présence d'un Dieu qui ne se fait jamais plus sentir au cœur de l'homme que dans ces vastes solitudes : toutes ces impressions réunies nous émurent fortement; et silencieux, assis sur un rocher, à l'ombrage d'un frêne, chacun de nous se livra à des émotions que la nature, la puissance et la grandeur de Dieu rendaient aussi nobles que profondes.

Après quelques momens de recueillement, nous continuâmes notre route, non sans avoir dessiné ce lieu qui nous avait charmés : un soleil ardent nous brûlait, mais tout ce qui nous environnait calmait notre fatigue; l'enthousiasme compense toutes les peines, toutes les difficultés. Après trois heures de marche, ayant tourné le torrent, nous appelâmes nos guides, qui le traversèrent et vinrent nous joindre à Saint-Paul, petit village agréablement situé. Nous suivîmes la montagne en nous élevant toujours; et les profondeurs devinrent telles que nous osions à peine y jeter les yeux, nous trouvant presque perpendiculairement au-dessus. Cette jolie tour de Castel-Blanquat, que nous avions vue le matin au-dessus de notre tête comme un point menaçant, maintenant se trouvait sous nos pieds. On la voit toute dégradée, mais formant un point de vue charmant avec les ports d'Oo et de Peyre-Sourde, et ces belles montagnes dont les formes, la couleur et l'aspect varient à chaque pas. Nous les dessinâmes, et descendant ensuite par un sentier que les chèvres ont tracé, et dont la pente rapide échaufferait bien les pieds, si de temps en temps quelques ruisseaux ne le traversaient pour rafraîchir le voyageur, nous remontâmes après à Casaril, petit village bâti sur le sommet d'une montagne très-élevée, de laquelle on domine à pic la vallée de Luchon, dont les proportions deviennent si petites par l'excessive hauteur à laquelle on se trouve, que cette jolie petite ville semble ne pas s'élever de terre plus de deux pouces : on descend longtemps, lentement, avant d'arriver au niveau du vallon, aperçu du haut des monts; nous y parvînmes cependant, et nous rentrâmes charmés d'une promenade dont le plaisir avait été notre guide constant.

LE PORTILLON,

L'ESPAGNE, VALLÉE D'ARAN, D'ARTIGUE-TELLINE.

Après avoir traversé le petit village de Saint-Mammet, dernière commune de France vers les frontières de l'Espagne, on commence à monter à travers les blocs de granit dont se forme le chemin; les débris de ces rochers roulent sous les pieds des chevaux, mais ne rendent pas leur marche moins sûre. Ils vont avec une admirable précaution, regardent, comparent, jugent les endroits où il faut poser le pied, et cela d'une manière si remarquable et si parfaite, qu'on serait tenté de l'attribuer à l'instinct.

Le torrent qui coule constamment au milieu de cette route la dégrade sans cesse; le moindre orage le grossit encore, et à moins d'avoir vaincu la difficulté d'un semblable chemin, on ne croit pas à la possibilité de s'y frayer un passage : nous traversâmes rapidement la jolie vallée de la Burbe, qu'on prendrait pour un beau jardin anglais, dessiné dans de grandes proportions. Les montagnes qui la bordent sont couvertes de hêtres d'un vert charmant ; quelques rochers placés çà et là, avec grâce, vers la crête de ces montagnes, et couronnés de sapins, forment un contraste admirable ; on en jouit d'autant plus que ce joli paysage n'est pas très-étendu. On commence à monter le Portillon ; c'est une route épouvantable, mais la peine qu'elle donne à escalader n'est pas ce qui occupe le plus : l'agrément de ces lieux solitaires, les beaux arbres, le chemin tournant et rocailleux, les eaux qui le traversent, les superbes rochers qu'on rencontre, et cette odeur embaumée des bois élevés que l'on aime tant à respirer, tout cela réuni fait supporter la fatigue, et l'on arrive triomphant au haut du Portillon. Là on est en Espagne; nous la saluâmes, et nous mîmes pied à terre un instant.

On commence bientôt à descendre pour gagner la vallée d'Aran; plus on avance, plus les difficultés s'accroissent; on suit un petit sentier bien étroit, suspendu à quelques mille pieds au-dessus du fond; de mauvais pas à franchir, et la rapidité de la descente, rendent ce passage très-pénible : nous restâmes à cheval cependant, ce que je regardai comme une grande imprudence; mais nous étions nombreux, et en pareil cas l'amour-propre est le seul guide que l'on écoute; on rougirait de se montrer moins téméraire qu'un autre, et il faut que ce sentiment-là soit bien fort, puisque la crainte la mieux fondée ne le fait pas céder. On descend à pic des escaliers de rocher, dont les marches ont une hauteur si considérable, qu'au moment où on les franchit, on croit toujours passer par-dessus la tête de son cheval. Nous descendîmes ainsi pendant une bonne heure, toujours au-dessus de la Garonne. Arrivés à la vallée, nous trouvâmes les douaniers, auxquels le préfet montra son passe-port envoyé par M. de Gispert, gouverneur de Viel. Nous remarquâmes déjà de belles figures espagnoles : nous quittions la vallée de Luchon, où les figures pâles, hâves, ternes et sans physionomie, indiquent la souffrance ; là, au contraire, on trouve cette expression de caractère et d'énergie qui plaît partout où elle se rencontre. Bientôt nous fûmes à Castel-Léon, vieux château détruit à l'époque où Louis XIV dit avec tant de grâce » qu'il n'y avait plus de Py-» rénées. » Il s'appuie contre un joli village, où nous fûmes reçus avec la plus grande politesse par de vieux gentilshommes français au service de l'Espagne. M. de Gispert était à leur tête ; l'alcade, d'une belle et noble figure, les accompagnait. La société descendit un moment chez lui; on nous servit du chocolat, des dragées, du vin d'Espagne; ensuite ces messieurs montèrent à cheval pour nous accompagner dans la belle vallée d'Artigue-Telline. Tout le monde se mit en marche, et suivit une route escarpée, dominant toujours le gave qui traverse la vallée dans toute sa longueur. On arriva gaiement à l'ermitage, après avoir couru une lieu par des chemins praticables et superbes pour les montagnes. On avait envoyé un ample déjeuner par un chemin plus court, et les voyageurs comptaient bien le trouver en descendant de cheval; mais quel désappointement général lorsque le premier arrivé s'écria qu'il n'y avait pas de déjeuner! Ce cri de détresse, répété tour à tour, troubla l'écho de ces lieux solitaires; les Pyrénées en frémirent... La douleur se peignit dans le regard, dans le son de la voix, plusieurs de nous en pâlirent. Pour moi, les laissant à leurs regrets, j'entrai dans la chapelle de

Notre-Dame-des-Bois; mon âme s'éleva un moment vers cette protectrice des malheureux; elle me sembla bien plus puissante au fond de la vallée que dans les plus beaux temples des villes. Cette chapelle tient à l'ermitage : un pauvre homme y demeure avec sa femme, ses enfans, ses vaches, ses chèvres; il offre un abri au voyageur, et le guide dans ces routes incertaines; et hospitalier pour l'étranger comme pour l'habitant de la vallée, son cœur lui dit que tous les hommes sont frères. On me suivit dans cette chapelle modeste; on vint pour y causer, et se désoler du retard du déjeuner. Je regardais avec surprise mes compagnons de route, qui ne conservaient ni respect ni décence dans ce saint lieu. Ah! pensais-je en moi-même, si les murs étaient revêtus d'or, si des colonnes de jaspe décoraient ce temple, si la majesté du Dieu puissant qui créa ces montagnes imposantes, se montrait aux yeux de ces insensés par des ornemens de ce monde, ils fléchiraient les genoux ; mais ici le cœur de l'homme lui révèle seul la présence de son Dieu ; pourquoi ne pas écouter cette voix intérieure, et profaner cette simple demeure, où les vœux du pauvre et du faible sont entendus et exaucés par ce Dieu de bonté qu'on ne prie jamais en vain ? Je m'indignai de ce que j'entendais, et sortant du lieu saint, je rejoignis le reste de la société, dont les figures malheureuses se ranimèrent bientôt au cri venant du haut de la montagne, et signal heureux du déjeuner. On ne tarda pas à lui faire honneur ; nos pauvres guides, qui en avaient bien plus besoin que nous, y reprirent des forces. Le bon ermite et sa famille en eurent leur part, chacun parut content.

Je causai long-temps avec le bon gouverneur de Viel, qui se plaît dans son gouvernement, parce qu'il y fait du bien, et qu'il s'occupe sans cesse de ce qui peut rendre heureux les hommes qui vivent sous sa domination. Il chérit la France, qui l'a vu naître, et le roi, qu'il a servi de tout son pouvoir, en se dévouant à M. le duc d'Angoulême, dont les opérations de ce côté-là avaient Viel pour point de centre; il m'en a parlé avec admiration, et garde des lettres écrites de la main de ce digne prince pour les joindre à ses titres de noblesse. Il émigra au commencement de la révolution : on vendit tous ses biens; alors il se mit au service d'Espagne, eut un grade distingué dans les gardes valonnes, dont il regrette bien la destruction. Après trente-deux ans de service, il demanda le commandement de Viel pour retraite; il lui fut accordé; il y vit en paix, heureux sans doute. Le bon emploi des premières années de la jeunesse est la garantie du bonheur de l'âge mûr.

Nous remontâmes à cheval : ces messieurs nous firent la galanterie de nous reconduire jusqu'en France; et si je ne l'eusse déjà su, je me serais doutée qu'ils étaient gentilshommes français, à la grâce qu'ils mirent à nous recevoir, et à nous faire les honneurs d'un pays qui désormais est devenu le leur. Ils gravirent avec nous la montagne la plus pénible que nous eussions encore trouvée; ils voulurent être nos guides d'honneur dans cette montagne à pic, si roide, qu'on ne peut la rendre praticable qu'à force de zigzags multipliés. Je la montais, et je ne pouvais me persuader que cela fût possible : nous fûmes une heure à gravir ainsi. D'autres montagnes succédèrent à celle-ci; des descentes, des plaines, des chemins difficiles et dangereux, nous ramenèrent enfin, après six heures de marche, à Bagnères de Luchon. Nous avions été douze heures à cheval, et le jour finissait.

En revenant de l'ermitage, nous avions passé devant la Picade et le port de Vénasques. Ces montagnes touchent la Maladetta, et prennent déjà ses formes, sa couleur, ses neiges et ses aspects âpres et hérissés. Ce spectacle imposant me frappa plus que tout ce que j'avais vu jusqu'alors. Si j'eusse été seule avec mes enfans, j'aurais couché à l'hospice pour voir l'effet de ces hautes montagnes au soleil levant; mais il fallait suivre la foule, ou me livrer au ridicule : on n'a pas toujours la force de le braver, lors même qu'il vient de ceux dont on prise peu l'opinion. Déjà j'entendais quelques sarcasmes sur le soin que je prenais de cueillir des plantes tout en courant; on riait à demi à mes dépens : je n'en continuais pas moins, car enfin je voulais bien entendre les sottises, mais je ne voulais pas être dupe.

Plus je vis, plus le monde me fait pitié. Il faudrait ne s'entourer que de gens supérieurs pour jouir des derniers jours de l'existence; il n'y a qu'une surabondance de vie qui puisse faire tolérer tous ces sots que l'on rencontre à chaque pas : mais vient un temps où l'on ne veut plus que des choses positives, et c'est dans la société des hommes supérieurs qu'on les trouve pour l'esprit, comme on les trouve pour le cœur dans l'amitié.

LA HOURQUETTE

D'ARRÉOU.

Nous quittons Luchon avec un mélange de joie et de tristesse : la joie, on en devine déjà la cause; nous allons rejoindre une famille chérie, des amis tendrement aimés. De toutes les émotions que nous avons éprouvées, aucune ne ressemble à celle-là; c'est la plus vive, la plus profonde, la plus complète; elle a quelque chose du bonheur : le bonheur! il n'est vraiment que là où l'on aime, là où l'on est aimé. On peut concevoir aussi notre tristesse : nous quittons des lieux charmans, enchanteurs, où nous trouvions toutes les beautés, toutes les grâces, toutes les richesses de la nature; nous les quittons pour toujours sans doute..... Eh!

qui pourrait les quitter sans donner un dernier regard d'admiration, de reconnaissance et de regret à tant de merveilles? Il y a quelque chose de si mélancolique à penser qu'on ne reverra plus! Le cœur pressent tant d'autres peines, en s'arrêtant sur cette idée, qu'elle jette un voile de deuil, même sur cette nature fraîche, brillante, où hier encore je n'apercevais que des fleurs. Chaque pas cependant affaiblit cette triste pensée, chaque pas me rapproche de tout ce qui m'est cher, et mon heureuse destinée prolongera peut-être assez mes jours, pour me faire jouir long-temps de cette tendre amitié qui fait chérir la vie.

Nous partons, nous suivons cette route où nous éprouvâmes tant d'impressions nouvelles, en allant au lac d'Oo. Nous revoyons les mêmes beautés avec le même enthousiasme. Un chemin charmant, que nous ne connaissions pas encore, nous dirige sur Bagnères de Bigorre. Les équipages sont partis par la grande route :

pour nous, fidèles à la montagne, nous la traversons pour prolonger notre enchantement, pour ajouter à nos souvenirs. Le temps incertain, au lever du soleil, semblait assez serein vers sept heures, et nous nous promettions une belle journée. Nous marchons lestement, tout en admirant ces vues riantes et pittoresques qui se présentent à nous de tous côtés; nous arrivons, après quatre heures d'un trot soutenu, au port de Peyre-Sourde. Nous commençons à monter assez rapidement : arrivés au tiers de la montagne, nous sentons le vent, il fraîchit, le temps se couvre : nous arrivons au sommet du port, et tout à coup nous découvrons tous les nuages amoncelés sur les pics qui bordent la vallée de Louron. Nous pressons le pas, malgré le magnifique et imposant spectacle de toutes ces vapeurs diaphanes qui prennent mille formes plus belles les unes que les autres; tantôt brillantes et délicates comme une ouate légère, elles laissent distinguer les montagnes qu'elles voilent : leur transparence a l'éclat de la lumière argentée. Mais quelques vapeurs plus sombres arrivent, dissipent, couvrent ces nuages si éclatans; la nature s'attriste, les objets se décolorent, et prennent cette teinte uniforme qui précède la pluie : nous commençons à en être atteints; nous doublons le pas, et nous arrivons à temps, après six heures de marche, pour trouver un abri très-modeste et un frugal repas. La veille j'avais légèrement déjeuné; je n'avais rien pris à dîner; j'avais fait et reçu cent visites, mes arrangemens de départ; je n'avais pas fermé l'œil de la nuit : mes compagnons de voyage furent donc très-surpris de me voir prendre, pour réparer mes forces, un verre d'eau sucrée, dans laquelle j'exprimai du jus de citron; j'étais trop fatiguée pour prendre autre chose.

On n'a pas d'idée de l'ignorance de la plupart de ces gens d'auberge, dans les villages pauvres et sales que l'on traverse. Je parlai à la mère et à la fille, dans l'auberge de Luderviel, où nous nous reposions; celle-ci paraissait aussi âgée que l'autre, et cependant elle nourrissait un petit enfant qui criait à faire peine, et que je fis taire en lui donnant du sucre : ces femmes ne savaient pas ce que c'était; elles furent très-surprises aussi à la vue d'une écrevisse et des citrons que je tenais; elles me demandèrent si ce serait bon pour l'enfant qui toussait; qu'elles venaient déjà d'en perdre un par suite d'un rhume, et qu'elles craignaient pour celui-là. Je donnai à la mère une provision de sucre, lui recommandant de le faire boire avec de l'eau chaude. Je lui demandai trois fois si on aimait bien le roi dans son village; elle me regarda trois fois sans me comprendre : cela me fit bien de la peine; mais qu'attendre de gens qui ne connaissent pas même le sucre?

La pluie dura une heure; nos chevaux en

profitèrent pour reprendre une vigueur nouvelle. Le ciel s'éclaircit : nous partîmes par la belle vallée de Louron, si remarquable par la route charmante que l'on a faite dans la colline, au-dessus de la Neste, que l'on côtoie constamment. Cette vallée est couverte d'une grande quantité de jolis villages très-propres, chose assez rare dans la partie de montagne que nous avons parcourue. Cette belle route conduit à Arréou : on a le projet de la continuer jusqu'à Luchon, afin d'établir entre ces bains et ceux de Bagnères de Bigorre une communication facile pour les voitures. Si l'on réalise ce plan, ce sera une source de richesses pour ce pays, et de plaisirs pour les baigneurs, qui s'effraient de la longueur et de la difficulté de cette traversée pénible à cheval. On ne se décide pas aisément à faire vingt à vingt-quatre lieues dans un jour, mal monté, et courant la chance de l'incertitude du temps, dans des montagnes qui n'offrent pas toujours d'abris, et qui, lorsqu'on les trouve, vous font regretter cette malheureuse bonne fortune.

A Arréou, nous mîmes pied à terre pour laisser reposer nos pauvres bêtes : déjà nous avions fait douze lieues. M. et madame de B***, partis de Luchon une heure et demie avant nous, étaient là très-décidés à aller jusqu'à Bagnères, malgré un orage affreux qui se disposait dans la Hourquette (1). Il n'était que deux heures; je pensai qu'il ne fallait pas rester là non plus, et que d'autres s'exposant au hasard des orages, je pouvais bien, comme eux, tenter la destinée. O fatal amour-propre! ce fut toi qui consultas le ciel, et non pas ma raison. Je pris un moment de soleil pour l'assurance du beau temps : le vent chassait les nuages du côté opposé à celui que nous devions prendre. Laissant donc nos gens à l'auberge,

---

(1) On nomme ainsi une montagne très-élevée qu'il faut traverser pour arriver à la vallée d'Aure.

je m'achemine avec mes enfans, mettant lentement un pied devant l'autre, mais les mettant dans la route du port, et gravissant ainsi fort péniblement d'énormes quartiers de rochers, qui cependant valent encore mieux que les pierres qui roulent; celles-là au moins ne manquent pas de solidité, et elles offrent un point d'appui qui ne trompe jamais. Nous avançons : bientôt le chemin, devenu plus facile, nous permet de hâter notre marche, sans autre fatigue que celle de gravir la montagne. Nous dominons la vallée, nous dominons même quelques montagnes. » Mais ce port de la Hourquette est si long, il faudra deux heures à cheval pour le monter. Montons toujours ; cela avancera ce qui nous reste à faire. » Tout à coup la pluie survient : deux petites ombrelles, légèrement déployées, opposent un faible abri au vent, à l'eau qui redouble. Le tonnerre commence à gronder, et moi je commence à me repentir d'avoir tant monté; je me hâte de le dire : je propose de réparer notre imprudence, en redescendant la montagne; mais j'ai des compagnons qui ne veulent pas reculer. A leur âge, on sourit aux dangers, on brave les aventures: » Ce n'est rien, disent-ils, ce n'est rien. » Le soleil qui nous fuit, ces nuages sombres qui roulent comme les flots noirs du Styx, la teinte rembrunie des montagnes, rien n'étonne leur jeune courage; ils se croiraient faibles et timides, si la raison, si la prudence, guidaient leurs pas. Ils marchent : je les suis, en pressentant ce que coûtera cette témérité; je leur redis encore mes craintes; mais ma voix se perd au milieu du vent, du tonnerre, et de la pluie tombant sur la feuille altérée de ces arbres qui ne nous offrent plus d'abri contre la tempête. Déjà nous avons franchi plus du tiers de ce rude passage du port, lorsqu'à l'aide de nos lorgnettes, nous apercevons les guides et les chevaux sur la route d'Arréou. Les signaux blancs sont déployés; nos gens nous reconnaissent; notre courage s'en augmente, et nous montons rapidement. La pluie était moins forte, les chevaux arrivaient, nous pensions que toutes les difficultés allaient s'aplanir. Au bout d'une demi-heure, excédés de fatigue et de chaleur, nous montons à cheval; à peine y sommes-nous, que des torrens de glace viennent tout à coup nous saisir, nous geler. On ne saurait se figurer le froid de la pluie de montagne; c'était de la neige dans ces régions élevées. En un instant nous fûmes traversés jusqu'aux os; les habits de drap, les manteaux, les parapluies, tout fut imbibé comme une éponge. Point d'abri : le tonnerre grondant, le jour remplacé subitement par les ténèbres, le chemin glissant, la pente rapide sur le bord des abîmes, tout est contre nous. Le courage nous reste encore; mais le courage même s'affaiblit avec les forces, et peu à peu nous le perdons comme elles. A chaque pas que nous faisons, les torrens de pluie semblent s'augmenter. Nous passons sous des arbres si bas, que malgré le soin que nous prenons de nous coucher sur nos chevaux, nous les atteignons encore, et nous sommes inondés de nouveau par les branches chargées d'eau. Une demi-heure se passe ainsi; l'orage s'apaise un peu, et nous croyons un moment que nos maux vont finir. Nous apercevons alors, au haut du port, les voyageurs qui nous avaient si mal conseillés. Je l'avouerai à notre honte, car pourquoi ne pas dire la vérité, même à ses dépens? nous fûmes presque charmés d'avoir pour compagnons de malheur ceux-là mêmes qui étaient la cause du nôtre : c'est mal, je le sais ; mais enfin j'écris l'histoire, et la vérité doit guider ma plume.

Je crois que ce mouvement de joie, bien indigne de nous, fut puni par un redoublement de pluie et d'orage épouvantable. Nous voyons sur la hauteur une grange, et nous nous croyons sauvés. » Il y aura du monde, disons-nous; on nous fera du feu : nous aurons au moins du foin pour nous sécher, nous abriter. » Nous pressons le pas de nos bêtes attristées; nous arrivons à cette grange; nous la tournons, et je vois une masure, dont la porte est à trois pieds de hauteur sur le mur. La porte, c'est-à-dire l'ouverture, tente mon cheval; il veut y monter : heureusement il s'abat, sans cela je me tuais; je saute, j'entre..... mais, grand Dieu ! quel désappointement ! une vache est là toute seule, effarée de nous voir; quelques solives éparses çà et là, inégales, usées, tombées du toit, qui se trouve à découvert; un pied de boue noire délayée; du fumier infect, ressemblant à une mare : voilà l'abri, le refuge, que nous avions regardé comme un bienfait de la Providence. L'eau pénètre avec violence par l'ouverture du toit, et ce dégoûtant abri est pire encore que la plaine : en vain nous cherchons à nous tenir en équilibre sur les solives; mouillées, pouries, elles sont glissantes, se brisent sous nos pieds, et nous entrons plus profondément dans cet horrible cloaque qui les porte. Nos chevaux eux-mêmes, qui étaient parvenus à escalader la fenêtre ou la porte, semblent mal à l'aise. Mon habit, imprégné d'eau, ruisselait de tous côtés. Je n'en puis plus : mes pauvres enfans, à peine vêtus, navrés, prennent le meilleur parti; c'est de marcher, malgré la pluie, et d'opposer la chaleur du sang au froid glacial de ces torrens d'eau qui nous inondent : ils veulent m'entraîner; je ne puis remuer, ma robe est trop pesante : je veux remonter à cheval; mais les chevaux, qui sont entrés tout sellés, ne peuvent plus sortir de même; il faut tout défaire dans ce trou infect, et là la pluie me pénètre de tous côtés. La force, le courage, tout cède à cette pénible situation; j'éprouve un sentiment de détresse, et je crois que la vie va m'abandonner : un tremblement universel me saisit; mes lèvres blanches, ma figure pâle et décolorée, effraient jusqu'à mes compagnons de malheur. » Vous avez froid, madame, » me dit Jean; puis il saisit aussitôt ma robe pour la tordre, et diminuer ainsi le volume d'eau qu'elle contient. » Ne craignez rien, me dit-il; appuyez-vous sur moi : vous pâlissez!.... — Ce n'est rien, lui dis-je, touchée de son intérêt; mais tâchons de sortir d'ici. » Il m'aide; je me place avec une peine extrême sur ma selle : le poids de ma robe mouillée m'empêchait d'y atteindre. Je sors enfin de cet infâme endroit, qui avait trompé toutes nos espérances, et d'autant plus aggravé nos maux, que nos selles mouillées, et nos vêtemens imbibés partout, ajoutaient encore, s'il est possible, au froid affreux que nous endurions déjà. Mon cheval ne voulait plus aller; il retournait sans cesse : je le fouettais pour nous réchauffer l'un et l'autre; mais c'était en vain, la pauvre bête n'entendait plus rien; j'essayais les mots du pays, les coups de cravache, tout ce qui peut ranimer l'ardeur de ces animaux intelligens : mon guide lui-même ne pouvait le faire avancer. Mes enfans étaient en avant; je voulais les atteindre, et m'assurer qu'ils souffraient moins : je redoublai de coups de cravache, et pour cette fois je l'emportai. La pluie même cessa un peu, ou devint supportable; le plus ou le moins ne pouvait plus rien nous faire. Je gravis la montagne aussi vite que le put mon pauvre cheval, et j'aperçus, au haut du port, Émile monté sur un rocher, dominant d'un côté la vallée d'Aure, de l'autre, une partie de la vallée de Louron et toutes les montagnes que nous venions de franchir si déplorablement. J'arrivai à lui par un étroit sentier creusé dans le rocher; il n'a que la largeur du cheval et ses bagages. A droite et à gauche sont deux murs de roche, qui s'abaissent par leurs extrémités respectives, forment un cône où l'on pourrait établir des montagnes russes d'un nouveau genre, à peu de frais, et qui contenteraient, je le suppose, l'insatiable avidité des fous pour ce plaisir dangereux.

Nous arrivâmes au port, et ce n'était pas un vain nom pour nous. Les nuages se séparèrent un peu; ils s'élevèrent d'un côté, et de l'autre s'abaissèrent dans les flancs des montagnes de la vallée d'Aure, pour nous procurer un spectacle ravissant. Assurément il fallait qu'il fût bien beau pour attirer notre admiration, dans l'état de froid et de malaise dans lequel nous étions. Mes enfans me criaient de loin : « Arrive, arrive; voici qui va te dédommager de toutes tes souffrances, de tous tes maux : arrive, arrive; on oublie ici toute autre sensation que celle du plaisir et de l'étonnement! » Et ces bons enfans semblaient déjà ne plus sentir leurs souffrances, en songeant que les miennes allaient cesser. Effectivement je fus saisie d'admiration, comme si j'eusse vu les montagnes pour la première fois. Cette vallée d'Aure est ravissante; on croit se promener dans un magnifique jardin anglais : les arbres verts, les gazons, les ruisseaux, tout cela est tracé dans le genre des Morel ou des Bertaut; ou peut-être ces artistes habiles firent-ils leurs chefs-d'œuvre à l'imitation de cette belle nature.

Nous vîmes la quantité de neige qui venait de tomber dans la montagne ; je ne m'étonnai plus d'avoir trouvé la pluie si froide : ce que je voyais expliquait tout. Nous descendîmes grand train jusqu'à Pailhol, où nous restâmes pour nous sécher devant un grand feu, et servis par une très-belle fille qui ne demande pas mieux que de se marier, m'a-t-elle dit, et qui ne manquera pas de maris, si la beauté et l'enjouement peuvent donner des assurances à cet égard.

Après nous être bien réchauffés à Pailhol, après avoir fait quinze lieues avec toutes les mésaventures possibles, nous remontâmes gaiement à cheval, dans l'espérance d'arriver à Sainte-Marie, où M. de*** nous avait promis de nous faire préparer des lits à l'auberge; ce fut même ce qui nous empêcha de rester à Pailhol, où nous avions bon feu, d'aussi bons lits sans doute, et une hôtesse belle et gracieuse. Nous marchons; la lune se lève, et, par une belle route, nous entrons dans la vallée de Campan : nous avions passé devant la marbrière; mais, tout transis de froid, nous n'avions pu ni voulu nous détourner pour l'aller voir. C'est de cette marbrière que furent tirées les colonnes qui ornent encore Trianon. On a renoncé à se servir de ce beau marbre pour les choses exposées à l'air, qui le détruit très-promptement. Tout en cheminant, je ne pouvais m'empêcher de penser à la bizarrerie de certains rapprochemens : ce marbre, caché dans le sein de la montagne, n'avait encore servi qu'aux modestes chaumières des habitans de cette belle vallée ignorée. Madame de Maintenon y amène le duc du Maine : dans une promenade, ce marbre la frappe par sa beauté, elle en parle : Louis XIV, qui peut-être l'aimait déjà, veut orner ses palais de cette production qui a charmé les yeux de la spirituelle gouvernante de son fils. Les colonnes se forment, s'arrondissent, et viennent embellir le séjour où le roi aimait à se trouver avec elle, le séjour où toutes les grandeurs royales devaient s'anéantir pour lui, où l'abandon prématuré de cette femme célèbre fut peut-être le trait de lumière qui éclaira sa vie : elle aima le *monarque;* mais *Louis* ne fut aimé que par madame de La Vallière. Tout en songeant, au clair de lune, à ce grand roi si souvent infidèle, à cette touchante La Vallière qui éprouva tant d'amour, à cette fière Montespan qui n'aima que par orgueil, et enfin à cette veuve Scarron, dont l'adresse et l'esprit servirent si bien l'ambition; tout en me disant que celle dont le cœur est le moins touché est celle qui asservit davantage, et qu'on adore le plus, je sentais que si la douce et tendre sensibilité de madame de La Vallière ne toucha le monarque que par l'attrait enchanteur des sentimens qu'on inspire, elle dut être malheureuse toute sa vie. Quand on aime, ce n'est pas de la reconnaissance qu'on désire; le cœur appelle le cœur, l'amour appelle l'amour; mais si l'amour-propre seul répond, qui consolera des espérances trompées?

Le jour, qu'un beau clair de lune avait prolongé, s'obscurcit en un moment; les nuages voilèrent cet astre, soutien du voyageur égaré ou malheureux; le temps devint très-sombre: on voyait ces hautes montagnes apparaissant comme de noirs et gigantesques fantômes. Nous côtoyions le gave, qui roulait ses ondes écumantes; aucun rempart ne garantissait du danger de s'y précipiter: nous tenions le côté opposé autant qu'il était possible, mais les chevaux de montagne aiment le bord des torrens; et la crainte, la prudence même, doivent céder à leur volonté tenace. Nos pensées prennent ordinairement la teinte des objets qui nous environnent, et tout était si noir autour de moi, que les idées de beauté, de grâces et d'amour, s'effacèrent peu à peu, et que, malgré moi, je prêtai l'oreille aux histoires de loups et d'ours que racontait notre guide. Ces montagnes en sont remplies, et les événemens malheureux y sont assez fréquens pour laisser de tristes souvenirs dans la mémoire de ces gens qui ont été trop souvent acteurs dans ces scènes dangereuses. Tout ce qu'il nous contait était si effrayant, qu'involontairement je regardais souvent en arrière pour m'assurer si quelqu'une de ces horribles bêtes ne nous suivait pas; il nous en raconta tant et tant, que bientôt je commençai, sinon à craindre, au moins à croire à la possibilité d'une visite : je le dis, et à cela mon brave guide répondait : » Eh! madame, est-ce qu'on s'inquiète de ces vagatelleslà (1)? » Notez bien qu'au nombre de ces bagatelles, était la mort de plusieurs de ses camarades. Enfin, de loup en loup, et d'histoire en histoire plus sinistres les unes que les autres, nous arrivâmes au petit village de Sainte-Marie : nous fûmes droit à l'auberge, croyant bien y être attendus; nous frappons, point de réponse; nous allons de porte en porte, même silence. La nuit était noire, le tonnerre grondait encore au loin; je n'osais plus continuer ma route : il était près de dix heures; les ours me trottaient par la tête; d'ailleurs nous avions fait plus de dix-huit lieues, et nous étions encore trempés. Nous trouvons enfin des gens qui nous disent que l'aubergiste est en campagne, et que personne ne se dérangera pour nous recevoir. Jean court de nouveau pour chercher un gîte, et revient

---

(1) Les montagnards prononcent les *b* comme les *v*, et les *v* comme les *b*.

un moment après pour nous dire qu'on nous offre un peu de paille dans un grenier, mais qu'il n'y a pas une chandelle dans la maison : il n'était pas possible d'accepter une pareille proposition. Je pense au curé; j'assure qu'il ne nous refusera pas. Jean se remet en course, mais il rencontre les premiers villageois qui nous avaient parlé; il leur fait un discours pathétique, trouve la corde sensible, et obtient pour nous place au feu : je ne saurais ajouter, à la lumière, car elle consistait en un petit cierge de résine collé contre l'âtre de la cheminée; ce qui n'éclairait pas au-delà de quelques pouces : mais enfin le feu pétillant nous ranime; nous éprouvons même du plaisir. Nos gens s'occupent des chevaux, qui, tout à côté de nous, semblaient faire partie de notre société; c'est à eux qu'il faut songer avant tout: quand ils ont ce qu'il leur faut, un des guides s'approche de la cheminée, et me demande » si cela ne me fera pas de peine qu'il fasse cuire une omelette au feu qui nous chauffe? » Je l'assure que je serai même très-charmée de voir son talent pour la cuisine; et le voilà, la poêle à la main, jetant du lard en guise de beurre, et faisant fort lestement un souper que l'appétit seul pouvait faire envier. Je ne sentais que le froid, et malgré que je fusse près d'un bon feu, je ne pouvais parvenir à me sécher.

Nos gens soupent : on apporte un matelas, trois chaises font l'oreiller; il faut y coucher trois, mais on pourra s'y trouver passablement les pieds au feu, tant la fatigue rend accommodant sur les moyens de la diminuer. Nos hommes allument leurs pipes, et nous étouffons; on ouvre pour avoir de l'air, nous gelons. Pas une plainte ne nous échappe cependant; ce jour était consacré à la souffrance, au malaise, et force était de souscrire à la destinée. On ferme la porte, on éteint les pipes, la lumière; le foyer seul jette une mourante clarté; mes bons enfans s'endorment. Un lit dans le fond de la chambre est occupé par le maître de la maison, sa femme est montée au grenier, son lit tout près de la cheminée est vacant. Mes guides, après avoir conduit ma femme de chambre dans un trou plein de foin, reviennent et s'emparent tous deux de ce lit, si près de nous, que, malgré moi, j'assistai à leur toilette de nuit. Comme Mahomet je fermai les yeux, mais en vérité c'était bien pour l'amour de moi. Tout dort dans ce chenil, excepté moi, à qui tous les insectes noirs de cette maudite habitation avaient déclaré une guerre à mort. Ce supplice nouveau et insupportable rappelle et irrite tous ceux déjà soufferts dans cette pénible journée; il me semble que celui-ci les surpasse tous, car il est en nous de sentir toujours plus vivement les dernières souffrances; l'état présent l'emporte sur tous les souvenirs, quelque mal qu'ils retracent. Je me tourne et me retourne sans cesse; mes deux chers compagnons d'infortune ne sont pas moins agités;

les heures qui devraient amener le sommeil réparateur, ne font qu'ajouter à l'agitation, aux tourmens que nous endurons : je me lève, je vais voir le temps ; je reviens, je souffre, je me tais : à quoi servirait la plainte, sinon à humilier celui qui me donne l'hospitalité, et à troubler le sommeil de ces malheureux guides, qui, plus familiarisés que nous avec ces causes d'une cruelle insomnie, dorment si paisiblement ? A trois heures, cependant, ma patience et mon courage étant épuisés, j'appelle, et demande à partir : on prépare les chevaux, et tout se dispose. La pluie recommence, n'importe : après une pareille nuit, la pluie est presque un bienfait. Je monte à cheval, brisée, abîmée, et mes vêtemens encore trempés de l'orage incomparable de la veille. Je pars, j'arrive à **Bagnères**, je trouve une bonne auberge, un bon feu ; je cours au bain, et déjà je ne me souviens plus de nos infortunes que pour m'applaudir d'une épreuve que je ne suis pas fâchée d'avoir faite, puisque nous en sommes sortis vainqueurs.

Je n'ai fait qu'entrevoir Bagnères, qui m'a paru fort agréable, et dans un site riant. La pluie m'a empêchée de le voir en détail, mais l'ensemble en fait juger favorablement. Au reste, Bagnères occupait fort peu ma pensée; nous devions monter le lendemain le pic du Midi; cette espérance tenait lieu de tout, et nous consolait de ce qu'il nous en avait coûté pour jouir de ce plaisir. Nous nous couchâmes de fort bonne heure, et l'imagination devançant la jouissance, je m'élevai dans les nuages, où le sommeil me surprit.

LE PIC DU MIDI [1].

A quatre heures le soleil brille, nous nous levons, et les fatigues sont oubliées; heureux d'espérance, nous nous pressons pour jouir encore davantage: en trois heures nous sommes à Grip. Un léger déjeuner dispose nos forces, nous montons à cheval, et nous partons. Le temps est beau, l'air est frais, la route agréable, et le souvenir des souffrances de la veille vient ajouter au contentement que nous éprouvons.

On commence à monter assez rapidement à quelque distance de Grip, en laissant sur la gauche des cascades admirables de formes, d'effets, et embellies de la superbe végétation qui les environne, et les dérobe un moment à la vue pour les faire reparaître ensuite avec

---

[1] Élévation, 1506 toises. = 9036 pieds.

plus d'avantages. Ces belles chutes d'eau se précipitent dans le gave à une grande profondeur, leur bruit est majestueux, et l'on regrette de ne pouvoir s'arrêter long-temps dans ces beaux lieux.

Nous fûmes bientôt à Trames-Aigues. Là on voit les cabanes d'été des bergers qui passent leur vie sur ces montagnes, près des troupeaux qui leur sont confiés. Elles sont nombreuses, c'est presque un village dans la belle saison. Au-dessus de ces modestes abris, on voit le Tourmalet, qui sépare la vallée de Campan de celle de Bastan : nous le laissons à gauche, et suivant un sentier rapide, nous arrivons à l'endroit dangereux où l'on met toujours pied à terre pour renvoyer les chevaux, gagner, par le Tourmalet, la route qui conduit à Barèges. » Ce que d'autres ne font pas, dis-je au guide de Grip, nous pouvons peut-être le faire, nous aurons au moins *la gloire de l'avoir entrepris.* — Vous n'irez jamais avec les chevaux, répond le guide, vous courez le risque de périr avec eux. — En est-il jamais passé? demande l'intrépide Jean. — Une fois seulement, mais je ne voulus pas en répondre; ils manquèrent d'y rester; et depuis ce temps, les passages ont été tellement dégradés, qu'il n'y a plus possibilité de les traverser. »

Pierre et Jean se consultent. « Partons, s'écrient-ils, et ne craignez rien, madame. — Au moins, madame, descendez à cet affreux passage, » dit le guide de Grip. — Restez, madame, restez, je réponds de tout, » dit Jean, avec cet accent montagnard, hardi et courageux, qui communique toute l'intrépidité qu'il exprime : je fais descendre mes enfans, et ne craignant plus rien alors, je passe tranquillement devant le jeune guide ébahi, qui assure que jamais homme ne passa cet endroit à cheval, et encore moins une femme. Ce mot était la récompense de ma témérité; j'éprouvai un moment de plaisir dont je rougis ensuite; car je sentis que si j'eusse été seule, je serais descendue, et que l'amour-propre avait usurpé un applaudissement que la raison devait dédaigner. Ah! pensai-je, si j'étais un brave militaire, décoré de nobles cicatrices, j'aurais agi avec prudence; mais je ne suis qu'une faible femme, et de peur qu'on ne me croie craintive et sans courage, je deviens téméraire, et cela pour le guide de Grip! En suivant et remontant les rangs, il n'y a pas de doute que pour l'empereur Alexandre je ne me fusse rompu le cou.... J'eus honte de moi, je me fis une belle leçon, mais qui peut se dire à l'abri d'une faiblesse quand on n'a pas le temps d'y penser? Les émotions sont rapides, elles entraînent; les réflexions marchent si lentement qu'elles arrivent souvent trop tard... Mais enfin elles arrivent, et laissent des traces durables que la raison conserve; ce sont des fonds pour l'avenir.

Nous montons toujours; le temps se gâte,

des nuages commencent à voiler le sommet des monts; nous sommes inquiets, le courage et l'espérance ne nous quittent pas cependant, nous avons tant besoin d'eux! Le site devient triste, borné, sauvage; ce n'est plus, comme à Luchon, de jolies et riantes vallées; ce ne sont plus ces belles montagnes fertiles et couvertes de bois : les montagnes ici sont arides, nues, pelées; les rochers, dépouillés de toute végétation, se couvrent à peine d'un lichen dont la couleur monotone ne varie que par les effets de lumière; mais la lumière pâlit, s'éteint sous le brouillard qui descend à chaque instant plus bas sur les montagnes. Déjà nous sommes assez élevés pour découvrir le sommet de ces belles montagnes d'Espagne que nous avions si bien vues quelques jours avant, du pic élevé de Boconaire, et dont nous avions côtoyé les bases immenses en traversant la vallée d'Artigue-Telline et celle d'Aran, lorsque nous fîmes cette belle excursion dans la Catalogne. Ce n'était qu'un souvenir; mais il y a de si beaux souvenirs, qu'ils ont presque la puissance de la réalité: je donnai un dernier regard à ces belles contrées que le soleil favorisait encore de sa présence; le brouillard qui descendait toujours nous les déroba bientôt entièrement.

Un passage très-difficile, très-dangereux se présente à nous; pour cette fois je descendis, il n'y avait plus de mérite dans cette prudence tardive; je la suivais maintenant sans qu'il en coûtât rien à mon amour-propre, j'avais donné la mesure de mon intrépidité, ma réputation était faite,... je fis comme bien des gens, j'en profitai, mais au moins ce fut pour bien faire.

On monte très-péniblement au milieu de débris de rochers tombés des sommets menaçans qui s'élèvent de toutes parts: les masses se resserrent, les roches nues et déchirées se montrent partout, l'herbe croît à peine parmi ces ruines; quelques fleurs solitaires viennent cependant orner de leurs brillantes couleurs, de leurs formes gracieuses, ce triste désert. Ce mélange de leur éclatante beauté avec la couleur sombre de ces monts dépouillés et appauvris, inspire une sorte de regret; on est fâché de voir dans ce triste lieu, ces jolies fleurs qui croissent et meurent ignorées parmi ces affreux débris des orages et du temps : un silence profond règne dans ce séjour; le voyageur ose à peine élever sa voix; tout ce qu'il voit l'attriste, la présence de la nature ne se fait plus sentir ici, il semble que tout soit passé, détruit. Je songeais au poëme du *dernier homme,* en regardant autour de moi; cette composition hardie dut être inspirée dans un lieu analogue à celui où nous nous trouvions : je me rappelai ce dernier homme, assistant à la chute, à la destruction du monde, traversant comme nous les ruines et les débris de tout ce qui a été : là on n'a plus le sentiment de l'avenir; l'imagination ne voit que bouleversement, destruction, et l'espérance même doit fuir le cœur de l'homme, lorsqu'il se sent pénétré de l'horreur de ces lieux.

Notre guide nous fit remarquer un pic très-élevé à notre gauche, et revêtu perpendiculairement d'une roche lisse, dont les parois rembrunies se perdent dans les cieux : le silence fut aussitôt interrompu pour s'amuser de l'écho fidèle et immense qui répétait d'une voix de tonnerre les accens de nos faibles voix : ce bruit subit et renouvelé effraya quelques corneilles centenaires abritées dans ces rochers; elles en sortirent épouvantées; leur vol incertain, leurs cris sauvages, semblaient nous reprocher de troubler leur repos; elles se perdirent dans le brouillard, et tout redevint silencieux.

Nous gravîmes long-temps ces rochers épars et difficiles; nous traversâmes des neiges, et arrivés à une petite élévation, nous nous trouvâmes tellement couverts d'un épais brouillard, que nous cherchions la route, que rien ne trace dans ces hauteurs désolées, que la forme des sommets cachés depuis long-temps pour nous. Nous avions soin de ne pas nous séparer, la moindre imprudence à cet égard aurait pu nous devenir funeste. Des passages affreux où la délibération devenait en quelque sorte nécessaire pour parvenir à les traverser, furent franchis par nos chevaux, dont nous admirions l'adresse, l'intelligence et la précaution; nous les suivions, moins adroits qu'eux; mais déjà nos courses précédentes nous avaient rendu le pied montagnard, et après avoir escaladé toutes les roches anguleuses et glissantes, après avoir traversé les masses de neige qui restent éternellement sur ces cimes décolorées, nous arrivâmes à la Hourquette des cinq Ours. Là, sur un plateau de neige, une petite roche s'élève en forme de cône; c'est sur cette pierre que mourut subitement M. de Plantade en 1748, à côté de son quart de cercle. Chacun de nous se livra à de tristes réflexions sur cet accident, qui, bien que déjà ancien, nous semblait récent par la présence des lieux où il s'était passé.

Dans ce moment, nous étions tellement enveloppés de brouillard que nous ne pouvions plus rien voir à quatre pas : on fit halte pour délibérer ; on ne savait pas trop où aller ; il n'était plus possible de songer à monter le pic. Nous étions cependant déjà très-élevés, et une heure nous eût suffi par un beau jour. C'était une chose désolante que de renoncer à une telle entreprise, et d'avoir eu toutes les fatigues sans arriver au plaisir qui était le but : nous étions même incertains si nous pourrions retrouver la route au milieu de l'obscurité si épaisse qui nous environnait. Il faisait froid, humide ; point de bois ; si nous nous perdions, comment passer la nuit sans abri, sans vêtemens chauds, sans feu, sur ces sommets glacés ?.... A part moi, je pensais bien un peu aux visites que pourraient nous faire et les ours et les loups, qui ne craignent pas le brouillard : je commençai, non pas à craindre positivement, je ne m'effraie pas facilement, mais j'éprouvais un sentiment vague d'inquiétude, celui que donne toujours l'incertitude des situations pénibles, difficiles, et dont on ne prévoit pas l'issue. Les guides nous prient de rester près des chevaux pendant qu'ils iront à la découverte d'un chemin ; il leur semble que nous sommes sur un cône, surtout du côté où ils espèrent trouver une route. » Il faut être prudent, disent-ils, et ne pas s'exposer à rouler dans des profondeurs d'où l'on ne revient pas.» Nous attendons. Le vent souffle, il est glacé. Nous hasardons quelques pas avec précaution pour le recevoir moins directement : tout à coup le brouillard se lève un peu, car dans les montagnes, il s'élève ou s'abaisse, s'épaissit ou s'éclaircit aussi promptement qu'on lèverait ou baisserait un rideau ; tout à coup, dis-je, nous voyons, et comme par enchantement, sous nos pieds, à une grande profondeur, un lac superbe dont les eaux, d'une couleur ravissante, contrastent admirablement avec ces tristes sommets brumeux qui nous environnent. Nous sommes suspendus en quelque sorte sur ce beau lac (1), tant nous nous sommes avancés imprudemment; mais l'imprudence, qui de nous y songeait? Enchantés de cette vue inattendue, nous oublions presque notre triste situation; l'espérance reprend ses droits, mais un instant seulement : nos guides reviennent, heureux aussi de cet instant qui leur a fait voir la route périlleuse sur les hauteurs escarpées qui bordent le lac d'Onset : il faut y passer les chevaux, comment faire? A peine osons-nous hasarder nos pas sur ces pentes dangereuses où les rochers anguleux et élevés offrent des dangers continuels; il faut l'entreprendre cependant, ou refaire de nouveau la route déjà

---

(1) Lac d'Onset.

parcourue dans laquelle le brouillard doit inévitablement égarer. Jean, Jean le contrebandier le plus valeureux de Luchon, s'anime des difficultés qui se présentent, il ne se pardonnerait pas de céder à un obstacle; il nous confie la garde de trois chevaux, s'empare du quatrième, qui lui résiste à la vue du passage qu'on veut lui faire franchir. Mais l'impérieuse voix du maître le domine; il cède en tremblant. Pierre saisit la bride, Jean saisit la queue, et la pauvre bête ainsi soutenue, craintive ou enhardie aux accens de son maître, avance un pied, puis l'autre, laisse glisser ceux de derrière sur les mêmes traces, calcule, choisit des niveaux dans cette pente rapide, rocailleuse, et suspendue sur l'abîme; elle suit le maître qui la guide, va souvent mieux que lui, et compte sur l'appui secourable de Jean, qui s'attache à sa queue pour empêcher les chutes. On ne saurait croire de quel secours on est à ces pauvres bêtes, en les soutenant ainsi. La première fois que je vis descendre les guides, s'attachant de cette manière comme des contre-poids, je pensai qu'ils voulaient se faire aider dans leur marche par la marche du cheval; mais quand ils me dirent que c'était ainsi que, pendant l'hiver, et dans ces horribles chemins qu'à peine nous avions pu franchir dans la belle saison, ils parvenaient à les faire passer sans accidens avec une charge énorme, j'avoue que je ne pus m'empêcher de rire du moyen qu'ils ont imaginé, et mes jeunes compagnons de voyage, qui s'en sont égayés encore davantage, se réjouissaient presque de trouver de mauvais pas pour exercer l'adresse des montagnards sur la queue de leurs chevaux.

Les nôtres furent tous passés de la même manière : nos guides eurent une peine épouvantable, mais enfin ils sortirent vainqueurs d'une entreprise qui, à l'avenir, sera le noble sujet d'une des histoires qu'ils aiment autant à raconter que le voyageur à les entendre. Nous passâmes aussi bien prudemment. Nous aperçûmes sur un rocher du myosotis d'une si belle couleur, que nous nous hasardâmes, comme le chamois ou l'isard, à gravir le roc pour l'aller cueillir; c'était le premier que je voyais si grand, si beau, si coloré; c'est la fleur du souvenir, et loin de sa famille et de ses amis, c'est celle qui a le plus de prix; mon cœur m'entraîna, me soutint sur ce rocher dangereux. O mes amis! en la cueillant, je croyais vous revoir, ne vous étonnez pas si je fus imprudente; et puis, vous le savez comme moi, là où l'on voit le bonheur la raison perd ses droits.

Chemin faisant, nous nous amusâmes à faire rouler dans le lac de gros quartiers de rochers, des pierres énormes qui, rebondissant dans leur course rapide, se relevaient de chute en chute, pour aller se précipiter avec plus de fracas dans le lac : ces grands blocs entraînaient dans leur route tout ce qu'ils touchaient en passant; tout se précipitait en foule sur leurs traces, et s'engloutissait avec eux. Ainsi, de nos jours, ont disparu dans les secousses politiques ceux qui se précipitaient servilement sur les pas de l'homme qui les entraînait, sans qu'il sût lui-même où il allait. Placé par ses fautes sur le bord du précipice, il voulut le braver; le bonheur se retira de lui. Le destin l'attendait là, et le poussant dans l'abîme, il y fit tomber avec lui ceux qui, le suivant encore, croyaient marcher aux honneurs en s'attachant à son sort.

Le brouillard se levant, s'abaissant, nous cachait, nous montrait tour à tour le lac : nous y descendîmes, et assis un moment à l'abri du vent, au bas d'un tertre de gazon, nous déjeunâmes, charmés d'avoir joui de la vue de ce beau lac placé à la base du pic du Midi. Nous étions en face de lui, nous le savions au moins, mais nous ne pûmes l'apercevoir, l'épaisseur du brouillard ne laissait rien découvrir : nous voyions les vapeurs se former en colonne blanche, et descendre ainsi sur le lac; puis elles changaient de formes, elles variaient à chaque instant. Nous vîmes avec intérêt ce spectacle, mais il nous dérobait l'objet de nos vœux, et bientôt le froid nous saisissant, nous commençâmes à descendre pour nous rendre à la route de Baréges, non sans jeter un dernier regard de tristesse et de regret sur ce beau pic du Midi, pour lequel nous avions bravé tant de fatigues, et qui nous échappait comme la plupart des biens que promet l'espérance.

Nous descendîmes à pied pendant trois heures environ; de ce côté la route est beaucoup plus facile que lorsque l'on monte en venant de Bagnères de Bigorre, et ce doit être un charmant but de promenade pour les *buveurs de Baréges*. Notre voyage était égayé par les chants de nos guides de Luchon; ils faisaient retentir les échos de leurs accens joyeux; ils chantaient de jolis boléros, pas aussi bien, sans doute, que M^{de} Duplessis, que M. d'Oberlin, qui sont inimitables en ce genre; mais sur les montagnes la voix de nos guides avait son mérite, et ce caractère de vérité qui fait reconnaître un chant national. Jean nous racontait beaucoup d'événemens du siége de Saragosse, où il s'était trouvé; il avait demeuré long-temps parmi les Espagnols avant la guerre; il était placé chez un chanoine de Saragosse, et à même d'avoir quelques connaissances des mœurs et des usages de ce peuple remarquable. Tout ce qu'il nous disait était plein d'intérêt. Depuis il a servi quatre ans, et a été témoin de beaucoup de faits. Son accent énergique, ses gestes, et ce caractère déterminé qui appartient en général aux montagnards, et plus encore à ceux qui se font contrebandiers, nous faisaient écouter avec un vif plaisir tout ce qu'il disait. Nous arrivâmes ainsi, avec la guerre et les boléros, à la route où nous pouvions remonter à cheval; nous nous trouvions alors de l'autre côté du Tourmalet, et nous lui tournâmes le dos en entrant dans la triste vallée de Bastan; nous nous dirigeâmes sur Baréges, que nous traversâmes à cheval, au milieu de la foule des buveurs, des curieux, des oisifs, qui se font un spectacle et un amusement de tout, justement parce que tous les plaisirs leur manquent.

J'allai directement chez madame Vergès demander un logement, me recommandant de la bonne comtesse de Vassan : » elle ne pouvait me loger, me dit-elle, toute sa maison étant occupée; » mais elle me pria d'entrer chez elle pour me reposer. Cette invitation, faite de bonne grâce, fut acceptée de bon cœur, et je fus présentée de suite à la bonne maman, que les infirmités, plutôt que l'âge, empêchent de se lever facilement de son fauteuil. Après les premiers complimens, je demandai à ces dames où je pourrais loger; elles eurent l'extrême obligeance d'envoyer partout, mais en vain, pour trouver des lits : tous les logemens étaient remplis. Je commençai à m'inquiéter; ma voiture n'étant pas arrivée, je n'avais pas même la ressource d'y coucher; j'étais fort en peine. Ces dames se rappelèrent aussitôt qu'elles avaient encore une chambre, retenue à la vérité pour le lendemain, mais qui pouvait m'être donnée cette nuit. L'une d'elles eut la bonté de monter jusqu'au haut de la ville pour m'y installer; à prix d'argent, elles trouvèrent une seconde chambre pour mes enfans, et m'envoyant sur-le-champ du linge et tout ce qui pouvait m'être utile, elles me mirent ainsi hors de toute inquiétude pour la nuit que nous voulions passer à Baréges. Heureux de notre asile, nous y cherchâmes le repos, nous promettant bien de réparer, le mieux qu'il nous serait possible, les fatigues de cette journée, que la contradiction surtout avait rendue si pénible.

BARÉGES.

Baréges est d'une extrême tristesse : appuyé d'un côté sur le flanc des montagnes; de l'autre, n'en étant séparé que par le gave, qui coule sur un lit de pierres, de débris sans formes qui attristent ses bords, enlèvent ces contours gracieux, et cette molle et fraîche verdure qui les dessinent partout ailleurs. Les pierres grises sur lesquelles fuient ses ondes, ont quelque chose d'aride qui choque la vue; mais partout la vue est choquée à Baréges; les montagnes dégradées, pauvres, sans verdure, décharnées, languissantes, offrent l'image d'une nature stérile et rebelle aux efforts de l'homme. Des ravins profonds et d'une roide obliquité laissent voir la route des avalanches passées, et de celles qu'on redoute encore.

Tout est tristesse, malheur, dans le passé, dans l'avenir; on compte à peine sur le présent, et les habitations que l'on élève au printemps se défont à l'automne pour les dérober aux dangers de l'hiver. Toutes les crêtes des montagnes sont pelées, quelques arbres se voient à peine au-dessus des bains; point de promenade, si ce n'est la route qui descend à Luz; il faut être malade pour venir à Baréges, et compter sur l'agrément d'une bonne société, qui peut seule consoler de l'obligation de vivre dans ce lieu sauvage.

Un brancard cassé à ma calèche, et le manque de chevaux aux relais, avaient retardé son arrivée; elle ne fut à Baréges que très-avant dans la nuit. Le lendemain matin, après nous être promenés dans la ville, ce qui n'est pas long assurément, puisqu'elle n'a qu'une rue, nous voulûmes partir, point de chevaux. Il faut envoyer à quatre lieues de là pour en avoir, nous dit-on, c'est l'affaire d'un jour. Un voiturin qui s'était la veille engagé à nous conduire, n'arrive pas. J'étais d'autant plus désolée que je ne trouvais plus d'asile pour le soir, n'importe à quel prix. Les propriétaires des maisons de Baréges pourraient bien loger, mais ils ne le veulent pas pour une nuit; ils ne font d'arrangement que pour la saison, et je me voyais dans la nécessité de coucher dans ma voiture. Par bonheur un voyageur arrive, conduit par un voiturin : je loue les chevaux, chèrement sans doute, mais on ne balance pas quand les circonstances sont impérieuses : je me soumets, et je demande à partir pour Coterets. Il était dix heures. On me promet tout ce que je veux, et pourtant nous ne montons en voiture qu'à trois heures et demie.

Dans l'intervalle j'avais été voir la bonne madame Vergès pour m'acquitter avec elle; elle ne voulut rien recevoir, mit une bonté et une grâce parfaite dans son refus, le motivant sur ce qu'elle ne recevait jamais que le prix d'un loyer de saison, mais que ce qui tenait à une obligeance passagère, ce n'était pas la peine d'en parler, et qu'elle avait eu encore plus de plaisir à m'offrir son logement, que moi à l'accepter. J'étais fort touchée, mais mal à l'aise, sentant bien que je quittais Baréges avec une obligation que je ne prévoyais pas pouvoir jamais acquitter. Tout en causant, elle me mit au courant de sa famille, de ses chagrins pour l'un de ses enfans, brave militaire qui se consume de chagrin parce qu'il n'est pas employé; ce fut un trait de lumière pour moi, j'entrevis le moyen d'offrir obligeance pour obligeance; nous nous entendîmes sur ce qu'il y avait à faire, et sûre de la bienveillance du bon et aimable M. Thirat, qui trouve son bonheur à faire des heureux, je promis la démarche que je ferai à mon retour, pour tâcher de consoler cette respectable dame, et changer, si je le puis, ses peines en plaisirs.

Nous quittâmes Baréges sans autre regret que celui de n'avoir pas vu l'aimable comte

Charles d'Agoult, que je fis chercher en vain; il était à la promenade.

Mon compagnon de voyage, que je devais reprendre en passant, n'était resté que huit jours à Baréges; une lettre, me dit-on, l'avait forcé d'en partir précipitamment: je crains que quelque triste motif n'ait décidé ce prompt départ; il adore sa mère; que je le plaindrais, mon Dieu! s'il avait à craindre pour ses jours! mais j'espère que cette digne et estimable dame aura une assez longue existence pour jouir du bonheur de posséder un fils aussi distingué, et qui doit être la récompense de tous les sacrifices qu'elle a faits pour lui.

A mesure qu'on s'éloigne de Baréges, la nature redevient belle; les montagnes se couvrent de bois, de verdure; les rochers ont des formes; l'eau se dessine dans un lit mieux tracé: on retrouve enfin toutes les beautés dont Baréges est privé, et la gaieté revient avec les objets rians dont on est environné.

En descendant à Luz, on voit sur la droite le vieux château de Sainte-Marie. C'est un château fort, bâti sur un rocher isolé, qui s'élève en forme de cône arrondi au milieu d'un joli petit vallon. Ce château se détache parfaitement sur le fond, de quelque côté qu'on le considère, mais c'est surtout de la route de Baréges qu'il m'a paru mieux faire : je suppose que c'est de là que Duperreux aura pris le trait du joli tableau qui eut tant de succès. On aperçoit près de là Saint-Sauveur, que je regarde comme le séjour le plus agréable de toutes les eaux.

De Luz, on va à Pierrefitte par une route qui serait admirable comme route, dans tous les pays du monde, mais qui est un chef-d'œuvre ici, parce qu'elle a été conquise sur les rochers qui lui servent de base. On suit toujours une gorge étroite, au fond de hautes montagnes escarpées et menaçantes de toutes parts. Un torrent furieux roule ses ondes avec fracas à travers les immenses débris que les siècles ou les orages ont détachés des sommets sourcilleux qui le dominent. Des sinuosités sont sans cesse renouvelées par la pente des montagnes qui s'abaissent, par la projection de roches anguleuses, par l'inégalité des formes, des lignes qui se dérobent tour à tour à l'œil avide de les suivre, et qui peut à peine saisir les beautés multipliées que lui prodigue une si grande variété d'aspects. C'est dans cette enceinte resserrée, où, sur les bords du gave, l'isard, le chamois, la chèvre, peut-être, tracèrent un sentier; que le hardi montagnard marchant sur leurs pas, et les poursuivant avec l'adresse des chasseurs de ces contrées, imprima plus fortement sans doute ces traces incertaines sur lesquelles s'aventurèrent ensuite quelques habitans de la vallée, cherchant une communication plus directe de Luz à Pierrefitte. Un administrateur habile, M. de La Bauve, conçut l'idée d'une route à travers ces masses qui semblaient inattaquables, indestructibles; il l'entreprit. M. d'Étigny, dont le nom révéré se lie à tous les souvenirs du bien, à toutes les améliorations qui ont été faites en Languedoc; M. d'Étigny réalisa tous les projets de M. de La Bauve, et termina ce chemin étonnant qui semble une belle allée de jardin dans le site le plus pittoresque. On passe successivement sur plusieurs ponts d'une architecture aussi hardie qu'élégante, et qui frappent d'autant plus agréablement dans ces sauvages solitudes, qu'on ne s'attend point à y trouver ce qui rappelle les hommes, à y trouver les perfections de l'art unies à celles de la nature.

Cette route de Pierrefitte à Luz est peut-être ce qui m'a le plus frappée jusqu'à présent dans les Pyrénées, comme site sauvage et sévère : la couleur des rochers ici ne ressemble point à celle des autres rochers que nous avons déjà admirés; ils se colorent avec une admirable vigueur de tons qui se varient sous toutes les nuances de rouge, de brun, de jaune, et de ces tons intermédiaires qu'on ne saurait définir, et qui s'harmonisent si bien avec tous les objets environnans.

La vue se perd dans les enfoncemens, dans les détours de la route, des ravins, des antres qui la bordent : parfois elle se repose sur de larges parois de roche, qui s'élèvent perpendiculairement comme un mur que l'on croirait taillé, poli par la main de l'homme. Une belle végétation couronne ces murs élevés par une main plus habile; les fleurs y croissent sur de légères inégalités que l'œil peut à peine apercevoir, et l'on arrive à Pierrefitte sans que l'admiration se soit affaiblie un seul instant.

Le jour tombait lorsque nous y entrâmes, et je pris le parti d'y coucher, incertaine comme j'étais de pouvoir trouver à Coterets un asile pour la nuit. Le lendemain, à trois heures du matin, nous étions sur la route de Coterets, gravissant une longue et énorme montagne, que nous regardions comme inaccessible, et qui ne faisait que dérober à notre vue d'autres montagnes plus élevées encore. Le chemin est toujours le même au bord du gave, dont on a su éviter le danger, en construisant un parapet qui prévient toute chute, tout accident.

A huit heures nous étions arrivés; mais le service public retenant les porteurs, nous ne pûmes les avoir qu'à onze heures. Et comme il faut bien que le regret se mêle au plaisir, nous fûmes très-fâchés de n'avoir pas dormi trois heures de plus, au lieu de les passer au coin du feu, dans une auberge assez sale pour nous faire prendre le parti d'aller par la ville et la promenade respirer un air plus pur.

LAC DE GAUBE.

Après avoir invoqué dans la petite église de Coterets le Dieu de bonté, qui jusqu'alors nous avait préservés de tout accident au milieu de nos courses périlleuses, nous montâmes à onze heures dans les petites et légères chaises à porteurs destinées à nous transporter au lac de Gaube : elles ne sont autres qu'une chaise de paille à dossier élevé, les pieds à quatre pouces de terre : une toile cirée, soutenue sur la chaise par un cercle, est le seul abri qui ne garantit ni de la pluie, ni du soleil; mais elles sont légères, faciles à porter par les hommes qui se dévouent à cette profession. Une petite planche, attachée par deux ficelles, sert à soutenir les pieds. A peine êtes-vous assis dans ce fauteuil bizarre, que vous êtes enlevé et transporté avec une célérité remarquable; ces porteurs ont un aplomb, une égalité de mouvement qui est à peine croyable. Le chemin le plus difficile, le plus dangereux, n'apporte aucun changement dans la marche : l'impulsion une fois donnée, ils vont comme des machines montées, escaladant les rochers avec une admirable adresse, montant, descendant, traversant, sautant d'un bloc à l'autre, sans faire éprouver la moindre secousse. La course que nous entreprenions n'était pas faisable à cheval, même pour nous, qui avions tout bravé jusqu'à ce moment; d'ailleurs c'est l'usage d'aller en porteurs, et l'on se fie à l'adresse éprouvée de ces montagnards pour escalader une route longue, pénible, et qui occupe déjà assez par tout ce qu'elle offre de curieux, sans se condamner encore à veiller à sa sûreté aux dépens de son plaisir.

Arrivés aux bains et à la fontaine de la Rallière, nous bûmes un verre d'eau en souvenir de l'aimable M. de la M***, qui nous l'avait recommandée comme douce, bienfaisante et légère : nous continuâmes en montant jusqu'à Mahourat, autre source à laquelle les malades viennent chercher la santé : elle a 34 degrés de chaleur : elle coule dans une espèce de grotte creusée par la nature dans le roc brun qui l'environne. Elle est à gauche de la route, et domine à droite le gave, qui dans cet endroit présente de belles chutes d'eau, se précipitant avec furie autour des quartiers de granit qui s'opposent à son cours.

On monte toujours à travers une vallée, qui n'offre bientôt plus d'autre route que celle que l'on se trace au milieu de l'encombrement de rochers entassés, ruinés, élevés. Les montagnes d'où se sont éboulés tous ces fragmens, élèvent leurs cimes hardies à d'immenses hauteurs : ici les formes changent ; les crêtes de ces sommets sont hérissées, déchirées ; elles présentent des pointes aiguës, des échancrures, des aiguilles, mille formes irrégulières qui sembleraient attester des secousses qui ont rompu ces lignes si généralement belles, et s'enchaînant si bien l'une à l'autre. On voit la plupart des pics nus, arides; la végétation ne les couvre que depuis la base jusqu'à la moitié de la hauteur, et cette végétation est triste, sévère, comme le sol stérile qui la produit : ce sont des pins, des sapins au feuillage sombre, aux mousses pendantes, qui donnent un air de vieillesse à tous ces arbres appauvris; cette production, cette espèce de mousse, ressemble à un limon verdâtre; attachée aux branches, elle tombe l'une sur l'autre comme des portions de voile, et sa couleur pâle attriste et fait paraître plus noirs encore ces arbres sur lesquels elle vit.

Ces sommets élancés et rocailleux, ces sapins noirs qui les couvrent, ces vieux troncs d'ifs, dépouillés par le temps; ces arbres renversés, entraînés par les siècles qui les ont vus croître et périr; la confusion, le chaos, les plantes fraîches qui s'y mêlent, les mousses éclatantes, les lichens brillans, ces roches colorées, leurs formes anguleuses superposées en saillies sur les gouffres qu'elles protégent, toutes ces beautés réunies d'une nature sévère et riante viennent s'offrir tour à tour pour attester la grandeur d'un Dieu tout-puissant, et l'homme interdit, rempli d'un saint effroi, contemple, admire, et garde un silence respectueux en présence de ces beautés gigantesques.

Les guides font remarquer en passant une masse de pierres énormes qu'il faut traverser à pied. On passe sous une immense pierre carrée, soutenue de chaque côté par deux autres pierres; ce passage serait effrayant, si ces supports n'attestaient la plus grande solidité. Mais si une forte secousse de la nature la plaça ainsi, une autre secousse peut la renverser, et tout annonce que les chutes, les éboulemens, ont été fréquens dans cette partie. En gravissant, dans nos chaises, ces milliers de blocs amoncelés, nous voyions suspendues sur nos têtes des pointes aiguës, menaçantes, qui n'attendent que le moindre ébranlement pour rejoindre dans la vallée ces débris qui s'entassent et s'élèvent par la destruction des masses qui la dominent. Des sapins morts épars, çà et là; d'autres tombés à demi, et résistant encore; ceux que l'orage a précipités dans le gave, qui s'y roulent, s'y brisent, ou forment de faibles barrières à sa furie, tout cet aspect d'une nature caduque et désolée, est bientôt remplacé par une végétation plus forte, plus variée, plus brillante, et malgré les rochers qui forment le sol constamment inégal par lequel on passe, on admire les objets qui se présentent, jusqu'au moment où les guides vous font mettre pied à terre pour aller voir la cascade de Ceriset.

Comment la dépeindre? nous l'entendons depuis quelques momens; nous l'apercevons à travers les branches des beaux arbres qui croissent près de là. Quittant le chemin, nous nous hasardons au bord d'un abîme, sur un terrain humide spongieux, glissant. Arrivés près d'un gros arbre qui nous sert de point d'appui et de barrière au danger, nous avons en face de nous une cascade magnifique, encaissée dans des murs de rochers qui réunissent ses eaux pour les précipiter avec plus de force au fond du gave : un bloc immense de granit est là sur le bord de la cascade, et comme suspendu sur l'abîme ; il semble que les eaux vont l'entraîner dans leur course, mais c'est en vain qu'elles l'attaquent, il est inébranlable. Ces belles eaux ajoutent à leur belle et imposante masse, la fureur d'un obstacle sans cesse renaissant ; toujours vaincue, l'onde roule, se précipite, et s'enfonce dans d'affreuses profondeurs : le mur de rocher tourne à angle droit, le torrent suit ce contour dans sa marche rapide, et creusant encore davantage dans l'abîme, disparaît, et va au loin retrouver des eaux moins fougueuses, mais toujours agitées.

Cependant, entraîné par la curiosité, on se penche vers ces gouffres pour en apercevoir toutes les épouvantables beautés; l'œil s'en effraie, on se trouble, et si un instinct d'épouvante ne vous rejetait en arrière, on serait pour jamais entraîné dans ces ténébreux précipices.

Près de là cependant, et sur ces bords effrayans, croissent, vivent et brillent mille fleurs charmantes; nous voyions suspendues, en face de nous, des touffes énormes de ce joli laurier de Saint-Antoine qu'on cultive avec tant de soin loin de ces beaux lieux: ici la nature est prodigue de toutes ses richesses; elle se plaît à multiplier les productions les plus gracieuses auprès des scènes les plus sauvages; et cet heureux contraste, cette belle harmonie qui nous charme, nous ravit, est l'attrait irrésistible qui nous ramène toujours, sans jamais nous lasser, au sein de ces merveilles qui s'emparent également du cœur et de l'imagination.

Ici l'être le plus ordinaire devient éloquent; le moindre mot a de l'intérêt, parce qu'il exprime l'agitation de l'esprit, les émotions de l'âme; des expressions nouvelles comme les objets qui les créent, donnent de la force ou de la grâce aux discours; il semble que l'on participe à ces forces productives de la nature; elles développent dans l'homme des facultés inconnues; on s'étonne des richesses qu'on possède, on se trouve en harmonie avec ces grandes et nobles productions; toutes les forces morales, toutes les vertus, se sentent au fond de l'âme : tel devait être le premier homme sortant des mains de Dieu, tels devraient être tous les hommes pour être heureux; car, n'en doutons point, le bonheur existe dans le sentiment intime du bien et de la vertu.

Le chemin devient de plus en plus difficile à gravir pour les porteurs; nous fîmes à pied tout ce que nous pûmes afin de les soulager un peu. Nous fûmes de nouveau appelés à l'admiration par le spectacle qui s'offrit à nous : c'était le pont d'Espagne, ainsi nommé parce qu'il faut le traverser pour aller dans ce beau pays. Sur une élévation de 80 à 100 pieds, on a jeté quelques morceaux de bois ronds : de la mousse, du gazon, de la terre, les lient, les réunissent; le même ciment contient deux autres pièces de bois qui servent de parapet. Étant sur ce pont et regardant à droite, on voit fuir sous ses pieds le torrent plus furieux qu'il ne s'est encore montré; à gauche, dans un sombre et profond encaissement, se précipitent avec une fureur rivale deux torrens qui se disputent et se confondent dans leur chute; les cascades sont d'une inexprimable beauté; l'arc-en-ciel y brille de toutes parts; il se fait voir sous le voile humide d'une vapeur légère et transparente, qui adoucit son éclat enchanteur. On ne sait où fixer ses regards; tout attire, ravit, épouvante; la profondeur, la couleur sombre de ces murailles de rochers, le bruit affreux et retentissant des échos caverneux, la brillante limpidité de ces superbes cataractes, tout émeut ici, et l'on reste accablé sous le poids des plus vives sensations. Cependant on n'ose pas trop rester sur ce pont, et le passer est déjà du courage : au-delà on gravit un bloc de rocher lisse, incliné, qui mène à une élévation de laquelle on domine ce même pont, et sous lequel on voit s'échapper les deux gaves écumans et furieux : on est alors en face de celui qui vient, du lac de Gaube, partager avec violence le lit qu'une nouvelle destinée rend commun à ces rivaux terribles. On le voit descendre une pente rapide, arriver en mille filets à une large masse concave de roche lisse, sur laquelle il coule en nappe majestueuse, argentée, limpide; on voudrait le voir tomber dans l'affreux précipice, et en sonder l'effrayante profondeur : un pont est encore là qui conduit sur ces bords dangereux; mais ce pont, mobile, élastique, plie sous le pied craintif qui s'y hasarde; étroit, délabré, il laisse entrevoir la mort, et l'abîme qui la donne... Mais l'enthousiasme nous guide, nous passons, légers comme l'air, et nous jouissons du spectacle tant désiré. Après quelques momens d'extase, nous songeons à revenir; mais la crainte avait remplacé le désir, c'était après...: le cœur me bat, je ne vois plus que l'imprudence...; mais l'espérance est toujours là, et, confians dans le Dieu protecteur de ceux qui bravent tout pour admirer et contempler les merveilles qu'il créa, forts de notre foi, nous passons de nouveau le pont mobile, nous redescendons la roche glissante, le pont d'Espagne, et remontant triomphans dans nos chaises, l'âme et la pensée dirigées vers le ciel, nous adorons Dieu avec plus de reconnaissance que jamais.

Les difficultés de la route s'accroissent, mais nous ne les remarquons que pour admirer l'adresse de ces lestes montagnards, qui, pieds nus, se cramponnent à ces roches, si dures, que le passage réitéré des pasteurs, des guides et des voyageurs, laisse à peine une trace blanchâtre qu'un œil exercé peut seul reconnaître : ils gravissent, ils sautent, ils escaladent avec un ensemble qui tient du prodige. On court mille fois le risque de la vie, et cependant ils inspirent tant de confiance que la crainte n'approche pas. Bientôt nous aperçûmes les sommets du Vignemale (1), ses neiges, ses crêtes découpées; nous descendons un peu, et aussitôt nous plongeons sur le lac, dont les eaux, d'un bleu verdâtre, sont ce qui me frappe le plus. Toutes mes facultés avaient été épuisées au pont d'Espagne, il ne me restait qu'une sorte d'inertie contemplative : je m'assis sur un petit plateau avancé dans le lac; un rocher me

---

(1) La plus haute montagne des Pyrénées, après le mont Perdu, a 1,722 toises = 10,532 pieds.

servit de banc, et je restai absorbée dans mes souvenirs et mes émotions, que l'aspect tranquille de ces lieux finit cependant par calmer.

Le pêcheur qui habite cette solitude dans une pauvre cabane, nous servit, sur le rocher, des truites pêchées dans ce beau lac, du lait des vaches qui paissent sur les hautes montagnes qui nous environnaient, et même d'assez bon vin de Bordeaux : tout cela fut payé au poids de l'or. Je pris un peu de lait, et nous envoyâmes à nos porteurs de quoi rétablir leurs forces; puis, prenant congé de ce solitaire séjour, nous redescendîmes à Coterets bien plus vite que nous n'étions arrivés au lac, nos gens courant aussi hardiment dans ces amas de pierres que s'ils eussent été en plaine, baissant, soulevant les chaises selon les mouvemens et l'élévation des rochers qu'il fallait franchir ou sauter, et nous ramenant avec un sentiment d'admiration bien vrai pour leur adresse, même après toutes les émotions neuves et profondes qui avaient fait de cette journée une journée de bonheur.

Arrivés à Coterets, nous remontâmes en voiture pour retourner de suite à Luz par la belle route que nous avions déjà traversée le matin. La nuit vint bientôt nous y surprendre, et éveiller en nous des sensations inconnues ; le calme du soir, l'obscurité, les mugissemens du gave, ces grandes masses d'ombres se projetant les unes sur les autres, les noirs sapins, les saillies de rochers apparaissant comme de grands fantômes, tout nous portait au silence le plus profond. Il est des situations où l'on ne saurait se rendre un compte exact de ce qu'on éprouve ; était-ce terreur, recueillement, admiration? peut-être tout cela à la fois ; mais qu'importe, pourvu que l'âme soit émue, et qu'on sente pleinement la vie? Nous pensions avoir tout épuisé ce même jour ; mais tout à coup la lune vint à paraître au milieu de ces immenses solitudes : quel spectacle, grand Dieu! quiconque ne l'a pas vu dans les Pyrénées, ne se doute point des forces qui lui sont données pour jouir. Cependant mon âme ne put suffire à tant d'émotions diverses, c'était trop en un jour, et sans des pleurs d'attendrissement et de reconnaissance, elle eût succombé sous le poids du bonheur qui l'oppressait.

GAVARNIE.

Encore émus des souvenirs de la veille, et portés à la rêverie au milieu des beautés éternelles qui frappent nos yeux, nous partons pour Gavernie : nos guides fidèles sont près de nous, et le vieil Antoine, l'un des guides de M. Ramond, à cheval avec ses sabots ferrés, marche le premier pour nous bien faire voir tout ce qui se trouve d'intéressant sur la route. Un joli chemin mène à Saint-Sauveur, c'est plutôt une promenade qu'une route ; elle descend au gave, que l'on traverse sur un pont de pierre, d'une seule arche, aussi hardie qu'élégante : nous la laissâmes sur la droite, et montant un sentier étroit qui s'élève peu à peu, nous nous trouvâmes bientôt en face de Saint-Sauveur, dont nous étions séparés par le gave, extrêmement enfoncé en cet endroit, et dominé par un terrain couvert de la plus riche végétation. A mesure que l'on monte la route, le gave creuse plus profondément son lit entre deux hautes montagnes de rochers, dont les parois richement colorées semblent unies comme du marbre; on ne voit plus le torrent perdu dans ces cavités souterraines, mais on l'entend gronder dans l'abîme; et quelquefois sa fureur soulevant ses flots écumeux, on l'aperçoit encore par intervalles, brillant de sa colère. Ici l'élévation est si considérable, et le chemin si étroit, qu'on n'ose regarder au-dessous de soi; on craint de suivre son regard, et de s'abîmer dans le gouffre. Cependant rien n'est au-dessus de ces beautés multipliées, elles nous rappellent les plaisirs de la veille sans offrir rien de pareil : tout est varié dans les Pyrénées; il y a parfois des traits de ressemblance, mais jamais la même physionomie; et l'habile ouvrier qui les créa, y rassembla toutes les beautés éparses dans la nature. Toutefois je m'affligeais de voir qu'au milieu des dangers inévitables qui se présentent à chaque pas, dans ces sites aussi périlleux qu'admirables, l'homme n'eût pas le soin de se garantir lui-même des accidens que peut causer son imprévoyance : il serait si facile d'élever un petit parapet du côté du précipice! Les pierres sont là, il ne faudrait que les superposer, comme on le fait pour l'enclos des propriétés; l'homme est-il donc plus soigneux de son bien que de sa vie? On le croirait, en voyant l'insouciance qu'il met à la garantir.

La route devint bientôt si étroite qu'on ne pouvait y faire passer qu'un seul cheval; les rochers qui avancent sur la route à hauteur d'homme ajoutent au risque continuel; ce qui est plus effrayant, c'est quand, après avoir suivi les contours ou les angles rentrans des rochers, on voit en se retournant le torrent creusant sous la route, et les ravins qui la minent: on frémit involontairement de l'avoir traversée;

mais, je crois l'avoir déjà dit, ce sont les réflexions du retour; en allant on voit à peine le danger, en revenant on y pense.

Bientôt nous passâmes devant un rocher qui s'élève du fond de l'abîme, de l'autre côté du gave, et dont la surface plane et perpendiculaire produit un écho remarquable. A peine le guide en eut-il instruit mes enfans, que d'une voix forte et sonore ils appelèrent leur père. L'écho répéta ce nom chéri avec l'accent d'amour qu'il avait reçu : j'en fus émue jusqu'au fond de l'âme, un mot répond souvent à tant de souvenirs! Il me sembla que toute la nature répondait à cet appel du cœur de deux bons fils.

Nous passâmes l'Escalette : c'était autrefois un petit fort, une petite tourelle à laquelle on arrivait en descendant par un escalier de rocher, d'où le moindre faux pas précipitait dans l'abîme; on remontait par un pareil escalier tout aussi dangereux : des malheurs réitérés firent prendre le parti tardif de faire passer la route au-dessus. On voit à peine cette petite tourelle, qui défendit cependant toute cette contrée contre les *miquelets*, brigands venus d'Espagne, et qui pillaient, dévastaient tous les lieux qu'ils parcouraient. Ce fort n'est plus habité maintenant; il n'a plus besoin de l'être; la paix règne entre deux nations qui n'eussent jamais dû se haïr : l'auguste famille qui nous gouverne, répare par ses vertus nos malheurs passés, et rétablit entre les peuples l'heureuse harmonie qui garantit le bien général, et le bonheur particulier qui en dérive toujours.

Ce fort est abandonné, mais de tristes souvenirs l'habitent encore; c'est là qu'un jeune voyageur, allant aussi visiter les beautés inconnues de ces lieux sauvages, et voulant racommoder quelque chose à la selle de son cheval, perdit l'équilibre, et s'abîma dans le précipice (800 pieds) : ses mourantes plaintes arrivèrent jusqu'au pasteur gardant près de là ses troupeaux; il courut avertir le prieur de Luz; et cet homme vénérable, digne et sublime ministre du Dieu qui mourut pour nous sauver, se mit à genoux sur le bord de l'abîme, offrit sa vie à son Dieu, et attachant une corde autour de son corps, se fit descendre dans ces profondeurs, où la voix de l'homme ne s'était jamais fait entendre : il administra les secours de la religion au jeune infortuné, dont les derniers instans furent consolés par une aussi touchante bonté, et par un dévouement que la religion peut seule inspirer.

Cet événement douloureux nous toucha profondément. Partout il inspirera la pitié, l'attendrissement, l'admiration; mais au sein de ces choses sublimes de la création, tout prend une teinte si auguste, si solennelle, que les émotions y sont plus fortes, plus durables, et s'emparent de toutes les facultés de l'âme pour l'agiter plus fortement. Cette mélancolique histoire est racontée par tous ceux du pays, mais aucun n'élève de rempart à cette fatale place.

On arrive par une descente fort roide au pont de Sia, passage étroit, sans aucune solidité, et qui laisse entrevoir, à travers ses planches mal jointes, le gave poussé avec violence par les belles cascades qu'on admire de ce pont, quand on se sent le courage d'y rester pour les mieux voir. Ce pont est élevé de quatre-vingt-dix pieds au-dessus du torrent: quand on l'a traversé, et que l'on considère le bel effet qu'il produit sur l'abîme, avec ses lierres, ses branches qui tombent avec tant de grâce, et semblent se balancer si mollement au-dessus du torrent et des noirs rochers qui le contiennent; les saillies du granit sur lesquelles il s'appuie par le côté où on descend; la roideur de ce chemin; les montagnes qui couronnent en amphithéâtre; les beaux arbres; le gazon qui mêle sa tendre et éclatante couleur à des couleurs plus sévères, toutes ces richesses de la nature font de cet endroit un des plus beaux, des plus pittoresques, des plus enchanteurs de ceux qui doivent se graver dans la mémoire.

Une chose qui nous contrariait singulièrement, et qui, indépendamment de la contrariété, ne laissait pas que d'avoir son danger, c'était la rencontre de tous les troupeaux qui descendaient de la montagne ce même jour, pour aller s'établir dans des régions moins élevées. Chaque établissement passait devant nous. Les vaches, les moutons, les chèvres, l'âne, le cheval, puis la famille portant le chaudron et le mince bagage qui lui suffit. A peine une colonie était-elle passée, qu'une autre lui succédait; les animaux s'effrayaient fort souvent, et malgré que nous fissions arrêter nos chevaux, ces rencontres étaient fort inquiétantes.

Nous passâmes un second pont sur le gave, et nous arrivâmes à la vallée de Prugnières, ayant déjà aperçu un des sommets du Marboré (1). Nous la traversâmes très-rapidement pour arriver à Gèdres, dont le joli pont attira bientôt nos regards; orné de beaux arbres, garni de lierre, il a pris la teinte des objets environnans; il la doit au temps, qui produit l'harmonie. Nous descendîmes lestement pour entrer dans la grotte de Palasset, ainsi appelée parce qu'elle se trouve dans la propriété d'un aubergiste de ce nom. On traverse sa cour, on descend un escalier de rocher, et là, caché, dérobé aux yeux de l'homme, apparaît dans toute sa pompe un des plus beaux spectacles que la nature puisse offrir.

---

(1) La première tour a 1,636 toises d'élévation = 9,816 pieds.

GROTTE DE GÈDRES.

On descend par un escalier de rocher, au bas duquel se trouve une grotte dont la beauté fait la plus vive impression; elle m'a semblé présenter une élévation de cent pieds environ, formée de rochers attachés, suspendus les uns aux autres; sa forme est un ovale profond. A l'extrémité de cet ovale, se jette une cascade superbe, qui écume en tombant dans le lit qu'elle s'est formé. Le bouillonnement arrive jusqu'à moitié de la grotte. Là on voit une nappe d'eau si transparente, qu'on pourrait douter de sa réalité, sans les reflets lumineux qu'elle reçoit de temps en temps, par l'ouverture des arbres qui couronnent le sommet de cette superbe enceinte. Le fond de la grotte est caverneux, noir; un rocher moussu verdâtre, en saillie très-avancée, et élevé, contraste admirablement avec l'éclatante blancheur de l'eau, qui conserve cependant au centre de la chute cette couleur vert-bleu qu'affectent toutes les eaux du gave de Pierre-Fitte, Coterets, et toutes celles qui conduisent au lac de Gaube.

La nappe d'eau qui tombe de l'ovale, se jette d'une petite hauteur sur des blocs de granit, qui, en contrariant sa course, lui donnent des mouvemens superbes, et ajoutent à la couleur admirable de ses ondes la transparence colorée des rochers. La grotte s'élargit en cet endroit, l'eau suit ce mouvement, et fuit, en baignant les belles formes de ce séjour enchanté, jusqu'au pont de Gèdres, si remarquable par son aspect pittoresque, ses beaux lierres, et tous les effets accessoires d'une nature prodigue de tout ce qui peut charmer. Les rochers de la grotte sont couverts de plantes fraîches, variées; les fleurs brillent sur ces granits vigoureusement colorés; et les arbres qui couronnent ces belles roches, empêchant le soleil d'éclairer cet asile, ajoutent quelque chose de sombre, de mystérieux, de frais, d'enchanteur, qui porte au recueillement, à la tranquillité, à la rêverie, et ne rappelle de la vie que ce *dolce far niente,* qu'il serait si doux de goûter ici avec l'amitié.

En quittant Gèdres, nous montâmes une côte rapide, pénible, qui se trouve au pied du Comélie, pâturage renommé dans ces montagnes. Quelle route ce doit être l'hiver! Couverte de neige, glissante, sans autres traces que celles qu'y impriment légèrement d'audacieux contrebandiers, qui oserait la franchir? Je pensais à la destinée de ces malheureux, qui s'exposent, pour un léger bénéfice, à toutes les intempéries, les fatigues, et les dangers de ces passages si périlleux. Je fis hautement quelques réflexions sur la nécessité de la prudence; et le bon Pierre, soupirant aussitôt: »Oh! oui, ma-

« dame, il ne faut souvent qu'un moment pour
» nous perdre. » Et là-dessus il se mit à nous
raconter qu'il y avait trois mois, qu'étant en
course au port de Vénasque, avec son beau-
frère et une vingtaine de ses camarades, traversant les neiges avec les précautions de la
crainte, et suivant avec le plus d'exactitude
possible la faible indication d'une route déjà
si difficile à reconnaître dans la belle saison,
ennuyé de la prudence, et plein de cette confiance orgueilleuse, trop souvent compagne de
l'inexpérience indocile, le jeune homme veut
abréger son chemin en prenant une autre direction : en vain ses camarades lui font voir le
danger de cette résolution, il s'éloigne d'eux,
et leur parlant toujours, « Vous verrez, leur dit-
il, que je serai aussitôt que vous..... » On n'entend plus sa voix, une lavanche venait de se dé-
tacher et de l'engloutir. La tristesse et la con-
sternation de ses amis sont extrêmes; ils vont
à son secours; ils cherchent, enlèvent, creu-

sent la neige pendant deux heures; ils ont un moment d'espérance en trouvant son gant...., mais il faut bientôt la perdre : la nuit approche, toute recherche est vaine, l'infortuné jeune homme est abandonné à la destinée, qu'il a si malheureusement provoquée. La neige, qui vient de fondre depuis huit jours, a laissé retrouver son corps à l'endroit même où son gant avait été découvert. Le pauvre Pierre avait les larmes aux yeux en finissant cette déplorable histoire. » C'était un jeune homme de si belle » espérance ! » disait-il. Une chose remarquablement triste, c'est qu'il était le fils des habitans de l'hospice français, de ces pauvres gens qui se sont isolés aux dernières extrémités de la France, pour offrir un asile aux voyageurs, des secours au malheureux qui s'égare; c'est la dernière habitation française, et cette demeure est vouée à la bienfaisance : ce dévouement au bien aurait dû conjurer le malheur; mais quand paraît la sévère Destinée, rien ne peut la fléchir, et elle lance la foudre sur la cabane du pauvre montagnard, comme sur les palais des rois.

Nous marchions en silence; nous regardions à peine les belles montagnes que nous avions à notre droite, et les jolies cascades qui en descendent pour grossir le gave, lorsque nos guides nous tirèrent de nos pensées mélancoliques, en s'écriant : » Voici le chaos! » Oh! qui pourrait jamais dépeindre l'étonnement et la tristesse qui s'emparent de l'âme, lorsqu'on traverse cet amas de pierres colossales, confusément rassemblées dans un espace immense, et qui cependant n'a pu suffire à tous ces débris, pêle-mêle entassés les uns sur les autres? une puissance d'équilibre les soutient lorsqu'ils semblent près de s'écrouler. Dieu! de quel bruit d'horreur durent retentir ces nombreux échos, lorsque les montagnes, s'abîmant avec fracas, se diputèrent la vallée pour la couvrir de ruines! S'il eût été accordé à l'homme d'être témoin de cette épouvantable catastrophe, sans doute il eût cru assister à la destruction du monde. Quelles secousses, quelles forces inconnues ont pu précipiter ainsi ces immenses rochers, ces blocs qui, même après leur chute, offrent encore des masses gigantesques de dix mille à cent mille pieds cubes? Les montagnes dont ils firent partie sont là, avec leurs aspects désolés; le deuil les couvre; jamais plus la riante verdure n'a brillé sur leurs sommets; elles penchent vers la vallée, et peut-être ne faut-il qu'une nouvelle secousse pour réunir à tous ces débris affreux la masse sur laquelle ils élevèrent si long-temps leur tête altière. Attristés, presque découragés, au milieu de ce désordre effrayant, nous cherchions la route à travers ces ruines; j'éprouvais du malaise, mon cœur se serrait..... Oh! si l'une de ces masses, écrasant son point d'appui, eût roulé vers nous! Mourir dans ces déserts, loin de tout ce qu'on aime.... Cette pensée douloureuse se présentait sans cesse à mon cœur, elle devenait une angoisse.... Mais tout s'affaiblit dans le cœur de l'homme, la peine comme le plaisir, et je repris l'espérance en sortant du chaos.

Partis de Luz à sept heures du matin, nous n'arrivâmes qu'à une heure à l'auberge de Gavernie, où nous déjeunâmes de fort bon appétit, oubliant la chaleur et la fatigue, par l'espoir des nouveaux plaisirs qui nous étaient promis.

Après le déjeuner nous fûmes à l'église, qui ressemble plutôt à une mauvaise grange qu'à un temple du Seigneur : le curé vint nous en faire les honneurs, c'est-à-dire qu'il nous fit voir douze têtes de morts, rangées sur une poutre en face de la porte, et que l'on dit être celles des templiers qui habitaient ce séjour, et qui furent décapités le jour même où l'ordre entier périt victime de l'intérêt et de l'envie. Gavernie appartenait alors à ces braves et malheureux chevaliers. On voit encore la croix rouge incrustée sur le piédestal qui se trouve près de l'autel, et sert aux offices divins. Quelques pans de murs de leur habitation se voient encore, et se voient avec tout l'intérêt qui suit le souvenir des grandes infortunes. On retrouve quelques vestiges qui rappellent les temps où ils vécurent, et des pensées de gloire se joignent à celles du malheur. Assurément, le sort des chevaliers qui étaient confinés à Gavernie ne dut point exciter l'envie : ils supportaient l'existence dans ces déserts, mais ils n'en jouissaient pas; et quiconque a pu voir son semblable condamné à vivre au pied de ces frontières sourcilleuses et formidables, a dû s'armer d'un affreux courage, pour disputer au malheur cette triste et innocente vie. Ils périrent cependant, innocens ou coupables; le même jour les vit descendre dans la tombe! Mais les remords de leurs assassins les vengèrent, et Dieu aussi fit comparaître ces mêmes assassins au tribunal où la voix mourante des victimes les avait appelés.

Je causai un moment avec le curé, qui me parut un homme simple et dévoué au bien : je m'affligeai de la triste vie qu'il menait dans ces lieux, n'ayant personne à voir, ni avec qui parler. » Madame, me dit-il, Dieu est partout. » Cette réponse simple me toucha jusqu'aux larmes, et je me donnai bien de garde de jeter un germe de regret dans une âme aussi résignée. » Je n'ai qu'un seul chagrin, ajouta-t-il, c'est lorsque, pendant l'hiver, la neige m'ôte la possibilité d'aller porter des secours aux fidèles malades, affligés, qui ont tant besoin de consolation; mais, me répéta-t-il encore, Dieu est partout. » Je voulais donner quelque chose à ce pauvre curé, je ne sus comment m'y prendre; on est timide pour offrir, et à cet égard je suis d'une gaucherie remarquable. Je le quittai mécontente de moi, mais pleine d'admiration pour son courage et sa vertu.

En sortant de l'église de Gavernie, nous vîmes la grande cascade, comme si nous eussions été près d'elle; elle ne me causa pas l'impression à laquelle je m'attendais. Nous continuâmes à marcher pendant un peu de temps, puis nous passâmes le gave à gué : au bout d'une heure nous mîmes pied à terre, et montant lestement un sentier assez rapide, nous découvrîmes enfin la vaste enceinte du Marboré! le Marboré, la grande cascade, les petites cascades qui tombant du haut de cette enceinte de marbre en longs filets argentés, semblent autant de girandoles brillantes éclairant un jour de fête; le pont de neige, et toutes les choses merveilleuses qui sont rassemblées là pour frapper l'esprit et le cœur de l'homme, pour lui révéler son néant, et lui apprendre surtout à adorer le grand Dieu qui créa toutes ces étonnantes beautés.

Lorsque cet ensemble de magnificence se déploya devant mes yeux éblouis, j'éprouvai un tel saisissement à la vue de tant de grandeur et de merveilles, que j'eusse voulu être seule pour me prosterner devant ce chef-d'œuvre divin; j'étais confondue, anéantie, et à force de sentir, je ne pouvais plus distinguer mes émotions.

De l'endroit où j'étais placée, on voit un amphithéâtre régulier; d'immenses colonnes supportent d'immenses gradins : au-dessus, d'autres colonnes se dessinent, et soutiennent des balcons, des galeries; on dirait que la nature va donner une fête dans ce cirque, et que toute la création vient prendre place à l'amphithéâtre construit pour elle. Au-dessus de ces galeries, mais sur un plan plus reculé, on croit voir des châteaux crénelés, des remparts, des contre-forts, des tourelles : on voit les deux belles tours du Marboré s'élevant comme deux géans protecteurs de l'édifice qu'elles décorent, et placées comme les colonnes d'Hercule en avant du Mont-Perdu, pour en défendre l'entrée à tout mortel audacieux, à qui elles semblent dire : » Tu n'iras pas plus loin. » Ramond seul, l'intrépide Ramond, favori de la nature qui lui révèle ses secrets, a franchi, vaincu tous les obstacles, et le Mont-Perdu a vu sur son sommet vierge encore, le rival de l'aigle qui seul était parvenu jusqu'à lui.

Au milieu de l'enceinte, dont l'étendue circulaire est de (1) 1,800 toises environ, se trouve le pont de neige qu'il faut traverser pour aller à cette belle cascade qui tombe dans l'enceinte : elle a 1,266 pieds d'élévation; elle glisse sur les rochers, et se perd sous la glace qui soutient les neiges brillantes, qui ne fondront pas cette année, malgré l'excessive chaleur. La cascade, moins forte en ce moment, offre au printemps un magnifique spectacle : on dirait qu'elle coule lentement, avec majesté; à la moitié de sa course elle rencontre un

---

(1) 10,800 pieds.

rocher en saillie : l'eau se brise, écume, et remonte en vapeurs transparentes, comme ces gazes légères qui voilent la beauté sans la cacher; sa masse l'entraîne cependant jusqu'au fond du cirque.

Brûlant du désir de la voir former le torrent qui va fertiliser tant de belles vallées, je descends vers le pont de glace, je le traverse avec précaution; je vois de grandes ouvertures, et la glace bleuâtre, solide, appui des neiges qu'elle soutient; j'évite le danger, et retrouvant bientôt la terre, je commence à gravir lentement, avec peine, l'énorme amas de pierres que le temps a détachées de ces masses de marbre. Mon pied tourne souvent entre ces angles mobiles, c'est un travail : mon vieil Antoine veut me donner le bras; il est en sabots cramponnés, cependant il me semble qu'il a plus besoin d'appui que moi. Bientôt je sens la vapeur de la cascade; j'avance, je suis mouillée : j'avance encore : c'est de la pluie que je reçois;

n'importe, je monte toujours, et enfin je parviens à un gros rocher tombé tout exprès, je crois, de l'amphithéâtre, pour servir d'abri à l'enthousiasme que rien n'arrête; je la vois, cette grande cataracte des Pyrénées, je suis couverte de son humide vapeur!...... il n'y a plus rien au-delà; je reviens sur mes pas, tournant souvent la tête pour revoir encore cette belle chute d'eau... Le retour est plus pénible, les pierres roulent sur mes pieds, elles meurtrissent, déchirent mes jambes; je souffre beaucoup, mais la neige est là, elle va rafraîchir mes pieds brûlans; cette fois, plus de précaution sur cette route fragile et glissante, je cours légèrement; il est tard, la nuit commence déjà à la base du cirque, je me presse, et sautant toujours toutes les élévations qui entravent ma course, je traverse comme à la ramasse une énorme ouverture qui fait jeter un cri à mon guide, qui croit que je ne l'éviterai pas; le gazon reparaît sous nos pieds, plus de crainte. Nous remontons pour sortir de ce magnifique séjour; nous ne pouvions faire quelques pas cependant sans regarder en arrière; ces belles formes, ces sommets majestueux, loin de lasser notre enthousiasme, l'excitaient de plus en plus; un spectacle extraordinaire vint le porter à son comble.

L'ombre régnait au pied du Marboré; le jour était encore dans les régions intermédiaires, le soleil n'existait plus pour nous. Toutefois, apercevant des nuages d'or sur la cime élevée qui domine la grande cascade, je les fais regarder à Charles; il admire, puis il s'écrie, et me fait voir que ce ne sont pas des nuages, mais le sommet lui-même qui reçoit les derniers rayons du soleil. Leur couleur vive et brillante, leur finesse de ton a quelque chose d'idéal qui ravit : bientôt toutes les sommités du Marboré s'éclairent de même; une vapeur légère et diaphane voile ces sommets, qui, aperçus à travers cette transparence qui conserve la teinte du ciel, produisent un effet magique, fantastique; on se croit au temps des fées, l'Arioste revient à la pensée : lui qui plaça ses héros sur ces hauteurs enchantées, avait-il vu la magie d'un tel spectacle, ou existait-elle dans sa brillante imagination?

Nous voulions exprimer ce que nous voyions; il n'y a pas de mots pour de telles choses. Nous nous servîmes, pour point de comparaison, de ces décorations suaves et aériennes de l'opéra des *Bardes,* de l'*Apothéose d'Adam,* des *Machabées,* remarquant seulement que la nature était autant au-dessus de l'art, que l'art nous avait paru supérieur à tout ce que nous connaissions avant d'avoir vu ces admirables effets.

Afin que rien ne manquât au sublime de ce coup d'œil ravissant, un aigle vint planer au-dessus de ces derniers rayons du soleil; il les regarda sans doute avec admiration : pour nous, ivres d'un plaisir sans bornes, remplis de l'enthousiasme le plus religieux, après avoir contemplé jusqu'à la dernière lueur qui brillait sur les montagnes, nous reprîmes lentement le chemin de Gavernie, en jetant un long regard d'amour, d'admiration et de regret sur toutes ces beautés que nous ne reverrons jamais.

NOTRE-DAME D'HÉAS.

Je ne dormis point; j'étais trop agitée de ce que j'avais vu et éprouvé la veille : l'exaltation ne permet guère le repos, et la mienne durait encore, lorsque nos guides nous appelèrent pour le départ.

La nuit porte conseil, dit un vieux proverbe qui souvent a raison. Plus d'une fois, depuis la veille, j'avais songé au bon curé et à ma gaucherie; le regret, peut-être même la honte que j'en eus, réveillèrent mon imagination, et je crus arriver à mon but sans blesser l'amour-propre, en faisant prier ce brave homme de vouloir bien dire une messe pour les voyageurs qui, la veille, avaient visité son église. Mes enfans furent les messagers, et remirent à la servante du digne pasteur la faible offrande de la pitié et de la piété : il était déjà en course pour quelque bonne œuvre.

Nous partîmes gaiement, saluant de loin tout ce qui nous avait rendu si heureux la veille. Nous commençâmes à gravir une rude et aride montagne, qui semble devenir plus pénible à mesure qu'on avance; bientôt nous mettons pied à terre; l'inclinaison du terrain est tellement rapide, que les chevaux pourraient se renverser et nous écraser; d'ailleurs elle est si longue, cette montagne, qu'il faut bien soulager ces malheureux animaux, qui travaillent avec une inconcevable ardeur, ne se lassent point, et ne mangent que fort peu de chose. Quand je me rappelais nos grands et beaux chevaux, et leur force de convention, je me disais qu'assurément ils n'eussent pas fait la dixième partie de ce que faisaient ces petits chevaux de montagne, qui ne faiblissent jamais, qui ne font point de faux pas, qui portent jusqu'à quatre cents pesant dans ces défilés étroits, dangereux, rapides, qu'ils ne traversent que sur des échelles de rocher pendant l'été, et l'hiver au milieu des neiges; pour eux il n'y a point de jours de repos : un peu de foin les nourrit, et dans nos courses si longues, ils se contentaient de brouter un peu d'herbe; mais lorsque je les eus pris ainsi tous les jours, j'améliorai leur sort, et l'avoine, en ajoutant à leur force, augmenta ma sécurité.

Chemin faisant, nous rencontrâmes de jeunes bergers, qui firent de grandes exclamations en me voyant, ils parlaient patois; je me fis expliquer leurs discours; le guide me dit : » Qu'ils ne pouvaient pas revenir de leur éton- » nement en voyant une dame monter le Co- » mélie, que jamais on n'en voyait par-là, et » qu'il était même bien rare d'y voir des *mes-* » *sieurs.* » Cela ne me parut pas de bon augure pour l'agrément de cette course, et je prévis qu'elle serait difficile. Ayant atteint le Comélie, nous trouvâmes de beaux pâturages, et une fraîcheur admirable. Les troupeaux couvraient cette prairie, qu'on ne soupçonnerait pas, d'après le chemin aride et rocailleux qui y conduit. Nous aperçûmes encore le Marboré et ses tours magnifiques, la brèche de Roland (1), où j'aurais voulu aller, mais dont les glaces considérables rendaient la route aussi pénible que dangereuse. On me raconta qu'une dame y avait été, il y a quelques années, armée de bâtons ferrés, de crampons, et accompagnée de deux guides; cependant pour descendre elle se mit dans un sac, et fut traînée ainsi par les guides, qui glissèrent en moins de vingt minutes sur ces dangereux passages. N'ayant point de crampons, nous avions été obligés de renoncer à ce voyage périlleux, non par crainte, mais par prudence; les guides n'eussent même pas voulu nous y conduire. Nous nous conten-

---

(1) 1,570 toises d'élévation = 9,420 pieds.

tâmes donc d'examiner de loin cette ouverture fameuse, à laquelle le souvenir de l'Arioste donne tant d'attraits. Quel homme c'était que ce Roland qui, d'un coup de sa Durandal, vous fait une brèche de six cents pieds pour faciliter son passage en France, pique des deux, et, traversant l'espace, vient s'arrêter à la chapelle de Gavernie, sur un rocher où la pression de son mouvement rapide fait céder la pierre, qui conserve l'empreinte du pied de son cheval. Il y a bien une lieue de là à la brèche faite par le héros, mais qu'est-ce que cela pour Roland? tous les gens de ce temps-là faisaient merveilles, il n'y a que ceux du nôtre qui s'en étonnent.

Nous reconnûmes aussi le sommet du Vignemale, que nous avions vu quelques jours avant si majestueux, lorsque nous étions assis sur les bords du lac de Gaube. D'autres belles montagnes attirèrent notre attention, et charmèrent notre vue. Nous marchions assez rapidement sur une belle pelouse : après quatre heures de marche, sur un gazon frais, près d'une source claire, nous fîmes halte pour déjeuner : des troupeaux étaient là, des bergers nous donnèrent du lait; j'en pris un verre. Avec de l'enthousiasme, c'est assez : vous en rirez, mes chers amis, et vous direz que c'est une nourriture légère que l'enthousiasme; mais venez en essayer dans ces belles Pyrénées, et vous jugerez à quel point elle peut suffire. Notre caravane se remet en marche; la route devient désagréable, pénible, roide; nous mettons souvent pied à terre, ou par prudence, ou par pitié. Les montagnes sont nues, sauvages; une herbe longue, sèche et glissante, rend chaque pas difficile; rien ne fixe plus notre attention, et nous commençons à sentir la fatigue. D'affreux passages se présentent, il faut les franchir; il y a autant de folie que d'imprudence à y passer, mais on ne saurait revenir sur ses pas après six heures de marche; d'ailleurs, nous sommes faits aux épreuves, et nous eussions à peine remarqué celle-ci, si la nature nous eût présenté de ces aspects variés et enchanteurs qui captivent l'intérêt du voyageur. Nous ne voyons le désagrément de cette route, que parce qu'il n'y a que cela à voir. Après avoir gravi au plus haut point de ce côté, nous descendîmes dans l'affreuse vallée d'Estaubé. Chacun de nous poussa un cri de joie, en apercevant le sommet neigeux du Mont-Perdu (1); c'est pour le voir que cette course a été entreprise: le peu que nous distinguons nous fait vivement désirer de voir le reste; mais déjà il se dérobe à nos yeux enchantés, et nous suivons une descente rapide, à travers des pierres anguleuses et inégales, qui meurtrissent nos pieds déjà échauffés par une longue marche. Nous retrouvons nos montures, qui nous attendaient

---

(1) 1,763 toises d'élévation = 10,000 pieds.

au bord du gave, qu'il faut traverser à gué, et nous voilà de nouveau remontant, et cherchant, mais en vain, à revoir le Mont-Perdu. Pour charmer l'ennui de la route, qui n'offre plus rien, nous parlons de M. Ramond. » Rien n'égale le » courage et l'adresse de M. Ramond, » dit notre bon Antoine, » il étonnait les montagnards les » plus audacieux. » Oui, dis-je, sa marche légère et rapide ne connaît point d'obstacle, il sait tout franchir, et s'élance comme l'isard; il s'élève comme sa pensée au-dessus des sommets inconnus; il cherche, il épie, il decouvre la nature sous toutes ses formes; il la révèle avec une vérité, une élégance, une chaleur d'âme qui ravissent le lecteur avide; il pense, il écrit si bien, que chacun voudrait avoir pensé, avoir écrit, ce qu'il a pensé, ce qu'il a écrit. Il y a des pages, dans sa belle description des Pyrénées, qui font autant d'honneur à son cœur, que ses observations savantes en font à ses profondes connaissances. On trouve dans M. Ramond, le philosophe, l'homme de bien, le savant éclairé, l'observateur infatigable, et l'ardent ami de l'humanité. J'ai lu et relu son intéressant ouvrage; l'envie, la critique, l'attaquent; les cœurs secs ne le comprennent pas, et les jaloux lui contestent l'exactitude : pour moi, je l'ai dit hautement partout aux détracteurs de ce beau talent, j'ai parcouru une grande partie des lieux décrits par M. Ramond, j'ai retrouvé tout ce qu'il annonce, tout ce qu'il indique, et j'ai constamment vu dans son ouvrage la vérité et l'éloquence. On prétend qu'il a peint trop en beau les montagnards : je ne le crois pas; il a peu parlé de ceux dont le caractère primitif s'est altéré par le contact des habitans de la plaine, qui ont dépravé leurs mœurs, détruit leurs habitudes simples, et mis à la place de leurs rustiques vertus, les penchans vicieux des villes; mais M. Ramond, vivant dans les montagnes avec ces pasteurs qui ne les quittent presque jamais, prenait leurs mœurs champêtres, et ne se montrant à eux que l'admirateur passionné des lieux qu'ils habitent, a dû en être aimé; il les réconciliait en quelque sorte avec leur destinée, qui les condamne à vivre et mourir loin de leurs semblables, et dans la contemplation continuelle de ces sommets neigeux et de ces rochers menaçans qui, à la longue peut-être, attristent l'homme, et jettent du vague dans l'existence. Ils voient un homme simple et bon, quittant son pays pour venir admirer ces merveilles lointaines; ils le voient risquant sa vie pour les étudier, les contempler de plus près; son ardeur dans la recherche, son enthousiasme dans le succès, éveillent leurs idées; ils apprennent à voir, à jouir; tout prend un aspect nouveau, et jusqu'à la simple fleur qu'ils foulaient naguère, inaperçue, tout se change, s'embellit pour eux dans ces contrées : en apprenant à bien voir la nature, ils ont appris à la mieux aimer: c'est à M. Ramond qu'ils doivent ce bienfait, comment ne seraient-ils pas bons pour lui? Il les a vus peut-être ce qu'il les a faits : c'est un titre de plus à notre admiration; et si c'est une erreur que d'avoir vu trop en beau ces pauvres montagnards solitaires, avouons au moins que c'est l'erreur d'un homme de bien.

Après des fatigues infinies, nous arrivâmes au cirque de Tremouse. J'aurais été dans une grande admiration, si, la veille, je n'eusse pas vu l'amphithéâtre et les gradins somptueux du Marboré; toutes mes facultés s'étaient usées dans cette vaste enceinte; il ne me restait que la puissance des souvenirs; ils l'emportèrent aisément sur ce qui se présentait à mes yeux.... Je rendis hommage cependant à ce que je voyais, cela était juste; mais que ce qui est juste est froid! Ayant appris du guide qu'en vain nous gravirions le pic de Liausobe, et que le Mont-Perdu ne s'offrirait point à nos regards, nous continuâmes à descendre rapidement sur l'herbe glissante et desséchée de l'éternelle prairie qu'il fallait traverser pour gagner la vallée; cette herbe, forte et dure, nous blessait à chaque instant. Nous aperçumes bientôt la chapelle de Notre-Dame d'Héas, à laquelle nous arrivâmes enfin, après avoir de nouveau traversé le torrent, assez profond dans cet endroit. La première personne qui frappa nos regards, en montant à la chapelle, fut le digne pasteur de Gavernie; il était venu dès le matin dire la messe à Héas : je l'informai du service que je réclamais de lui pour le succès de notre route; il me promit ses prières, et je ne doute pas que ce bon curé n'ait prié pour nous du fond du cœur.

La chapelle d'Héas est remarquable par sa forme grecque et le soin avec lequel elle est ornée; je fus surprise d'y trouver de belles dorures très-bien conservées. Cette chapelle est la plus jolie, la plus riche, de toutes celles que j'ai vues dans les différens lieux consacrés aux eaux : on y vient en pèlerinage de tous les environs, de Tarbes, de Toulouse, de Pau; deux jours avant, il y avait eu plus de trois cents personnes. On apporte des dons, des offrandes; et un tronc dans l'église reçoit les aumônes inconnues. Cette chapelle, seule au milieu de ces vastes et tristes solitudes, si bien ornée, si bien soignée, ayant résisté à la révolution sans autre défense que celle d'une porte fermée, a quelque chose de touchant, de merveilleux, qui se révèle au cœur de l'homme par l'attendrissement qu'il éprouve : je sentais cette douce émotion de l'âme qui naît du souvenir et de la reconnaissance des biens qu'elle possède; j'avais goûté un bonheur pur et infini dans les montagnes. Au milieu de tous les périls, notre existence avait été protégée, et livrée aux jouissances les plus vives : au pied des autels j'en rendis grâce à Dieu, à cette Vierge puissante que j'implorai encore, et qui nous accordera j'espère le bonheur tant au-dessus des autres bonheurs de la vie, celui de nous réunir bientôt aux objets chéris de notre plus tendre affection.

Nous reprîmes la route qui devait nous conduire à Gèdres, par la vallée d'Héas. Cette vallée n'est qu'un amas confus et hideux de pierres éboulées, sans formes, sans effets. On voit que la montagne s'est déchirée; qu'elle est venue dévaster le sol qui lui servait de base. Tout est désolation; la nature est nue, décharnée, triste et pâle : on dirait que le malheur plane sur ces contrées. Ce qui reste de la montagne dégradée semble prêt à s'abîmer. On craint presque d'élever la voix, et d'attaquer ces ruines par l'ébranlement de l'air. Il faut gravir cependant jusqu'au point le plus élevé de ces éboulemens, et redescendre avec non moins de peine et de dangers. On ne trouve qu'un seul rocher remarquable par sa hauteur et sa forme; c'est un cube régulier, sur lequel on assure qu'apparut Notre-Dame d'Héas quand elle vint dans la vallée : on voit, dit-on, la trace de son pied.

J'étais un peu en arrière de mon guide, je ne pus rien voir; mais je sus que les fidèles pèlerins cassaient un peu de cette roche en passant, et conservaient ce fragment sacré comme une relique.

Après cet horrible passage, on retrouve une nature moins désolée; de superbes rochers encaissent de nouveau le gave, la couleur de ces roches est inimitable; les cascades reparaissent brillantes, et préparent ainsi de loin ces belles eaux, d'un vert si transparent, qui vont se disputer l'honneur de traverser la magnifique grotte de Gèdres.

Nous étions à deux ou trois cents pieds d'élévation au-dessus du gave, lorsque mon vieil Antoine me montrant un petit sentier légèrement tracé sur un talus de terre, qui semblait presque aussi à pic au-dessus de nos têtes que la partie au-dessous du sentier était rapide vers le gave : » Aurez-vous le courage de passer cela? me dit-il.— Sans doute, répondis-je même avant d'avoir considéré ce sentier. » Il me regarda un moment sans rien dire, et marcha devant nous.

Nous voilà montant le sentier, que je commence à examiner, et qui devient à chaque instant plus étroit; il n'est pas d'aplomb, il penche vers l'abîme, il n'a point de solidité; c'est un terrain mou, qui manque à chaque pas sous le pied de nos chevaux, et les pierres qui roulent de la partie élevée de cette côte périlleuse rendent leur marche incertaine. Engagé dans ce chemin, on ne peut plus reculer; on ne peut pas mettre pied à terre, et le danger s'accroît à mesure qu'on avance. Les moutons, les chèvres, peuvent passer par là, et si les chevaux s'y hasardent aussi, c'est lorsqu'ils ne sont pas montés. Sans le dire, je commence à m'effrayer; je regrette une imprudence irréparable, qui expose ce que j'ai de plus cher au monde; je n'ai pas voulu descendre : personne n'est descendu. Qui aurait voulu se montrer moins téméraire qu'une femme? Ce sentier ne finit pas : la pente au-dessous de nous devient plus rapide; parfois elle rentre sous le chemin. Mon habit pend au-dessus du précipice, dont, sans le vouloir, mon œil a sondé l'épouvantable profondeur, dont il a aperçu le torrent, et les rochers qui l'irritent. Mon effroi redouble, le cœur me bat..... Mais comment dépeindre ce que j'éprouve de détresse, quand, au détour d'un angle de montagne, je vois le sentier se rétrécir encore, et la descente plus rapide? Il me semble que la mort est là, et tout courage m'abandonne; ce fut peut-être le seul instant d'une véritable angoisse, mais elle me pénétra d'une douleur inexprimable. En ce moment sans doute Notre-Dame-d'Héas prit pitié de nous; car j'aperçus un espace de terrain présentant une largeur de deux pieds environ. Je m'écriai que je voulais descendre; on s'y opposa d'abord, disant qu'il y avait du danger. » La tête me tourne, repris-je; le danger est à cheval. » J'arrête mon cheval, mon guide me soutient; je mets pied à terre avec précaution : toute la caravane en fait autant, en passant successivement à la même place. A peine sommes-nous sur pied, que Jean, l'intrépide Jean, s'écrie que de toutes les imprudences que nous avons faites jusqu'à présent, il n'y en a pas eu d'aussi téméraires que cette dernière. La colère anime ses traits : » Car enfin, dit-il, qui peut répondre jusqu'au bout de la sûreté de son cheval? Les nôtres, fatigués, abîmés par une route plus infernale cent fois que toutes celles qui l'ont précédée, peuvent faire un faux pas et vous faire périr. » Il gronde, il a raison; je le lui dis : ce mot apaise la plus violente colère; il calme le montagnard comme le citadin.

A une demi-heure de là nous remontons à cheval avec sécurité; il n'y avait plus de danger : nous arrivons à Gèdres par un chemin enchanteur. La nature, riante et fraîche, a repris ses droits. Nous sommes dans le paradis terrestre. Depuis le matin nous n'avions pas vu un seul arbre; nous en retrouvons ici de toute espèce, et la plus belle végétation récrée notre vue et notre imagination, attristées par les vastes et désertes solitudes que nous avions traversées. Nous saluons de loin le pont et la grotte ravissante, et quittant Gèdres, nous avançons par la belle et souvent dangereuse route de la veille. Déjà, animant nos chevaux, nous pressons le pas pour arriver à Luz avant la nuit, lorsque, nous arrêtant tout à coup au son d'une voix amie, nous voyons venir à nous M. de Marsac, l'aimable et spirituel M. de Marsac, l'ami de la nature, l'adorateur des montagnes. Instruit sans faste et sans orgueil, il guide avec bonté dans les routes savantes qu'il connaît si parfaitement. Sa complaisance, sa gaieté, sa vivacité, son heureux caractère, son enthousiasme, ajoutent un agrément infini aux courses pleines d'intérêt que l'on fait avec lui. La reconnaissance liera toujours pour nous son souvenir à tous les souvenirs brillans que nous conserverons des Pyrénées. Tout est harmonie, tout se lie dans la nature, et qui apprend à l'aimer ne peut plus être séparé d'elle. C'était notre dernier plaisir dans les montagnes; il était imprévu, il était vif et bien senti : je le dis à M. de Marsac d'aussi bon cœur que je l'éprouvais; il n'en aura pas douté, j'espère : la vérité a toujours un accent qui persuade.

Avant la nuit nous étions à Luz, et le lendemain, à quatre heures du matin, nous prîmes la route de Pau.

PAU.

Qui ne serait ému en entrant dans la ville où le bon Henri reçut la naissance! qui ne sentirait son cœur battre d'amour, de reconnaissance et de tristesse, en se rappelant la vie, les projets et la mort funeste de ce grand roi! tous les sentimens les plus nobles, les plus généreux, se pressent en foule, et s'emparent de l'âme, au souvenir de ce loyal chevalier, de ce valeureux guerrier, de ce héros chéri des belles et de la gloire. Tout ce qui plaît à l'esprit, tout ce qui charme le cœur, tout ce que l'on aime, et que l'on cherche dans la vie; les hautes vertus, les vues profondes, les qualités brillantes, et jusqu'à ces tant douces faiblesses, qui nous soulagent de la supériorité de son génie et de son caractère; tout ce qui lui appartient si éminemment enfin, vient se grouper autour de lui, de son image chérie, et ajoute à l'émotion d'amour que son nom fera toujours éprouver aux cœurs vraiment français.

Nous avons parcouru tout le château, qu'on s'afflige de voir si dégradé; mais, par les bienfaits du roi, il va reprendre son ancienne splendeur. On aime à chercher la moindre trace du royal enfant; on s'attendrit sur son berceau, sur cette écaille de tortue dans laquelle il reposait. On voit deux fourchettes de fer damasquiné qui lui servirent dans sa jeunesse. Des choses qui lui ont appartenu, il ne reste que cela dans le château. On m'assura qu'un horloger de Pau possédait sa montre, qu'il ne voulait pas la vendre, mais qu'on saurait bien l'y contraindre. Assurément cette montre-là est bien un bijou de la couronne.

Mais si l'on ne trouve rien, point de meubles dans le château, le souvenir du grand roi le remplit tout entier; on voit la chambre où il est né; la place où, sur le lit de douleur, sa noble mère chanta ainsi qu'elle l'avait promis à son père; la cloison contre laquelle était appuyé ce lit existe encore.

On monte au second étage par la tourelle qu'il aimait tant à monter lui-même; il semble que l'on découvre l'empreinte de ses pas; le cœur la cherche au moins, car dans cette enceinte c'est toujours le cœur qui voit, qui cherche, qui se souvient. Sur le mur ovale intérieur de la partie du château qui se voit en entrant, nous remarquâmes les portraits sculptés des différens rois de Navarre; on y voit aussi le portrait de Marie de Médicis : ses chiffres sont partout unis aux chiffres du roi, dans les ornemens intérieurs et extérieurs. Les sculptures des escaliers sont remarquables; chaque voûte a des rosaces de différens dessins, si parfaitement exécutées qu'on ne peut pas trouver à Pau un ouvrier assez habile pour les restaurer.

Le roi a nommé gouverneur du château un de ces anciens et fidèles chevaliers français qui sacrifièrent leur fortune, leur patrie à nos princes malheureux. M. le marquis du Lons a fait des pertes plus douloureuses, et son cœur gémit encore de la mort d'un fils adoré. Aussitôt que le château sera logeable, ce digne vieillard habitera la partie qui regarde le midi, et d'où la vue est belle, fraîche, riante, et laisse découvrir sur la droite la promenade que le bon roi aimait tant à parcourir.

Je n'appris pas sans peine que, dans la ville natale de Henri, le peuple ne pensait pas également bien. La raison m'en paraît toute simple, dans une classe où les sentimens sont peu de chose, où l'intérêt est presque tout. Le commerce autrefois très-considérable en toile, linge, mouchoirs de Béarn, est mort entièrement; une partie de la ville, la ville haute, je crois, n'est remplie que d'ouvriers cherchant à travailler, et donnant souvent à perte le fruit de leurs labeurs; plusieurs des bourgs et des villages qui avoisinent cette ville se trouvent dans la même position, et rien ne tue l'enthousiasme comme le besoin. Il faudrait trouver moyen de redonner une nouvelle activité à ce commerce mourant; par-là on révifierait l'esprit public, d'une manière prompte et sûre. Si le hasard, qui amène parfois le bonheur, pouvait inspirer à la petite-fille de Henri, le désir de visiter la contrée où son auguste aïeul laissa tant de souvenirs, qu'elle vînt au secours des habitans en faisant prendre pour sa maison ce beau linge si renommé, chacun, jaloux de l'imiter, ou par amour, ou par amour-propre, ferait venir du linge du Béarn pour seconder les intentions de la noble princesse; le bien se ferait ainsi, et le nom de Henri répandrait encore des bienfaits sur le peuple qui le compte avec orgueil au nombre de ses rois. Oh! puisse Madame être inspirée! puisse-t-elle rendre la vie au commerce de cette ville, et faire revivre dans le cœur de ses habitans un amour que le malheur a effacé un moment! que le nom chéri de notre adorable princesse soit réuni à celui du héros béarnais! Lorsque ce grand roi soutenait ses droits sous les murs de Paris, il sauva de la faim et de la misère ses habitans aveuglés : que Madame rende bienfait pour bienfait. Son aïeul nourrit son peuple : qu'elle rende la vie aux Béarnais, et que les bénédictions de toute la France se réunissent sur le grand Henri, et sur la noble héritière de toutes ses vertus.

TOULOUSE.

J'ai vu Toulouse, et son superbe Capitole; j'ai vu la statue de Clémence Isaure, de cette institutrice des jeux floraux; j'ai vu les noms des vainqueurs honorablement inscrits dans la salle des triomphes, sous les différens portraits qui rappellent les traits de ceux qui furent couronnés. On distingue parmi eux le tragique Campistron, Goudoulin, dont la réputation est plus connue que ses ouvrages, écrits dans le dialecte de son pays; Cujas, et tant d'autres plus modernes, dont Toulouse s'enorgueillit. J'ai vu la salle du trône, où la fille des rois reçut, avec la noblesse et la bonté si parfaites qui la distinguent, les fidèles habitans de Toulouse, heureux de sa présence. Un peintre a voulu décorer ce salon des traits adorés de cette auguste princesse et de son digne époux. Par quelle fatalité le talent même le plus distingué n'a-t-il jamais rien pu nous offrir qui nous satisfasse sur cette figure, où reposent tour à tour la grandeur, la bienveillance, la mélancolie et la résignation? Noble fille du ciel et de l'infortune, la peinture n'a pu saisir sa céleste ressemblance, mais l'admiration et l'amour ont gravé ses nobles traits dans nos cœurs, et ils y vivront autant que le souvenir de ses angéliques vertus.

Nous nous fîmes conduire à l'endroit où se donna la bataille en 1814. Notre guide, qui avait servi de cocher à l'adjoint-maire, obligé de représenter toutes les autorités dans cette triste circonstance, puisque le maire et le préfet avaient quitté la ville; notre guide, dis-je, nous donna des détails intéressans. Pendant une heure que nous restâmes sur le champ de bataille, il nous expliqua tous les mouvemens qui s'étaient faits, les charges qui avaient eu lieu; il nous montra l'emplacement des redoutes. Posté avec une longuevue sur un des édifices élevés de la ville, il n'avait rien perdu de cet affreux spectacle. Cet homme pense parfaitement bien, et nous l'écoutâmes avec plaisir. Je remarquai cependant, avec une sorte de peine, qu'il disait toujours *les Français*, au lieu de dire *nous* : les militaires sous les ordres du maréchal Soult n'étaient pas considérés par lui comme faisant partie des sujets du roi. Toutefois il convenait que jamais valeur n'égala la leur : le maréchal était partout, s'exposait comme un jeune sous-lieutenant qui veut faire son chemin à travers les périls. Tous les officiers le secondaient avec une valeur vraiment française. Le général T*** n'ayant pas réussi à une attaque qu'il avait faite, s'était replié un moment : ses camarades lui témoignèrent leurs regrets de ce que, trop tôt, il avait lâché prise, et perdu ainsi l'occasion d'un beau fait d'armes; il retourne aussitôt avec les siens, enfonce les Anglais, et périt avec autant d'honneur que de bravoure.

Notre cicérone nous dit qu'il servait son maître lors du dîner qui suivit l'entrée de lord Wellington à Toulouse, et que ce lord dit tout haut en dînant, qu'il y avait eu 25,000 hommes de tués, dont plus de 15,000 du côté des Anglais. Ce fut alors qu'on apprit la reddition de Paris, qu'on aurait dû savoir plutôt; mais les autorités de Cahors et de Montauban étant mauvaises, elles retinrent les dépêches, et cette infidélité coûta la vie à 25,000 hommes! Que de réflexions nous fîmes en cet endroit sur la destinée et sur le malheur de ces temps où un faux point d'honneur, où des vanités blessées, où l'ignorance crédule, entraînèrent tant de braves gens à la mort! Quelle différence de ces jours de détresse aux jours heureux dont nous jouissons, aux jours heureux dont l'amour et la bonté de nos princes nous permettent d'espérer la durée! Puissent aussi notre amour, nos vœux, notre fidélité, consoler ces cœurs magnanimes des longues peines de leur vie! puisse le bonheur de nos princes chéris être l'ouvrage des Français, et le prix du bonheur que les nobles fils d'Henri veulent donner à la France.

En rentrant chez moi, je sus qu'on attendait le duc de Glocester, que j'avais manqué d'un quart d'heure à Gèdres, lorsque je revenais de mon pèlerinage d'Héas. M. de Marsac me dit que le prince venait d'y passer; il allait à Gavernie, et coucha dans le modeste appartement que j'avais occupé la veille. Je me promis de chercher à l'entrevoir, je fus servie au-delà de mes vœux.

Il arriva : je sus qu'on ne pouvait lui donner qu'une chambre dont l'entrée était par l'antichambre de mon appartement, qui était superbe : il y avait un magnifique salon, de belles chambres à coucher. Je me sentis mal à l'aise d'être si bien quand le prince était si mal. J'envoyai aussitôt la maîtresse de l'hôtel pour lui offrir une partie de mon vaste appartement, et surtout le salon ; j'y étais encore lorsqu'il entr'ouvrit la porte du côté de l'antichambre pour y donner un coup d'œil : m'apercevant alors, il vint à moi avec beaucoup de grâce, et me dit qu'il ne consentirait point à accepter l'offre que je lui faisais, qu'il y aurait de l'indiscrétion, que je ne pouvais pas me passer de ce salon, et qu'il ne se consolerait ni de me déranger, ni de hâter mon départ d'un instant. Je l'assurai que ce salon ne m'était point nécessaire, que d'ailleurs j'attachais beaucoup de prix à faire quelque chose qui lui fût agréable, et que si j'avais pu prévoir son arrivée, je ne me serais pas installée dans cet appartement, qui lui convenait d'autant mieux qu'il avait à recevoir toutes les autorités de la ville ; que je partais le lendemain, et qu'alors il serait tout à sa disposition. Il me dit mille choses polies, obligeantes; je fis de mon côté tout ce que je pus pour justifier cet accueil distingué, et surtout pour faire, autant qu'il dépendait de moi, les honneurs de la France, au neveu du souverain qui offrit un asile aux fils de France, éloignés de leur patrie, errant comme OEdipe, et repoussés du Nord, qui méconnut et leurs malheurs et leurs vertus. Après quelques complimens de part et d'autre, je demandai au prince ce qu'il pensait de Gavernie? Alors la conversation s'engagea avec beaucoup d'intérêt, au moins de mon côté; j'éprouvai un vrai plaisir à étudier les impressions produites sur ce prince par les Pyrénées, que j'avais tant admirées moi-même. Il eut la bonté de causer avec moi pendant plus d'une demi-heure, avec autant d'esprit, de grâce que de politesse, et je me crus un moment dans le salon d'un prince français. Enthousiasmés l'un et l'autre de ce que nous avions vu, cet enthousiasme rapprochait les distances en faisant oublier l'étiquette; si j'en gardai la mémoire, je puis croire au moins que le prince ne s'en rappela guère. Il y avait long-temps qu'il me faisait l'honneur de m'entretenir, lorsqu'on vint le prévenir que le préfet, le commandant et les autorités de la ville sollicitaient l'honneur de lui être présentés : il me salua de nouveau avec beaucoup de grâce, et l'ayant laissé maître de mon salon, je me retirai chez moi. Je lui fis demander le soir ses ordres pour Paris : il était déjà rentré dans son appartement; mais il m'envoya un des lords qui l'accompagnaient, m'offrir tous ses remercîmens, en me priant de présenter son souvenir particulier à monseigneur le duc d'Angoulême, et ses hommages à Madame.

Le lendemain, à la pointe du jour, nous étions en route pour revenir à nos pénates. Le beau voyage que nous devions faire; l'antique colonie des Phocéens, que nous nous proposions d'admirer; les antiquités romaines qui couvrent le Languedoc, et attestent cette puissance tombée, si pleine d'existence encore dans le souvenir, la grande Chartreuse, où les solitaires viennent éteindre toutes les passions de la vie, et s'élancent dans un avenir dont la durée récompense des sacrifices d'une existence passagère : tout ce qui avait charmé notre imagination, tout ce qui avait flatté nos désirs, s'efface, se flétrit, par la pensée que notre absence afflige. Comment jouir d'un plaisir qui coûte des regrets à ceux qu'on aime? Je n'eus jamais ce secret de l'égoïsme, et ce n'est point en quittant la nature si belle, si bonne, si bienfaisante, que mon cœur est devenu moins sensible.

Une lettre reçue à Luchon, lue tour à tour par chacun de nous, avait changé aussitôt l'objet de nos vœux; le même sentiment nous animait, et la pensée, rapide comme l'émotion, nous avait fait dire à tous trois : » Il faut partir, il faut retourner là où notre éloignement attriste l'âme ; c'est vers les réalités, vers les choses positives de la vie qu'il faut aller; c'est le bonheur intérieur, le cercle intime de l'amitié qu'il faut à nos cœurs reconnaissans. » « Vous faites un bien grand sacrifice, » nous dit-on.... peut-être ! mais quel plaisir aurait-on à faire un sacrifice s'il coûtait peu de chose? Plus le nôtre est grand, plus il nous console; ce ne sont que les âmes vulgaires qui ne savent pas jouir de ce qu'elles donnent. Reviendrons-nous jamais? je l'ignore; la Providence a seule le secret de l'avenir. Ce que je sais, c'est que si la mémoire est fille du plaisir, je me souviendrai toujours des Pyrénées.

Nous partons; nous pressons les postillons; nous devançons le temps, les jours, les heures; nous rêvons le bonheur..... Le bonheur! cette fleur délicate de la vie qui meurt souvent sans s'épanouir! Le cœur nous bat à mesure que nous avançons... l'espérance d'une joie si pure ne saurait-elle s'emparer de nous avec calme? Notre âme est saisie de trouble...... qu'est-ce donc que le cœur de l'homme, si l'attente du plaisir l'agite, l'émeut si violemment; et quelles sont donc ses destinées sur la terre, s'il souffre même de ce qui le rend heureux?

FIN.

ERRATUM.

Page 217, à la note au bas de la page, *au lieu de* 10,000 pieds, *lisez* 10,578 pieds.

www.ingramcontent.com/pod-product-compliance
Lightning Source LLC
Chambersburg PA
CBHW070647170426
43200CB00010B/2152